TRÈS SAINT-PÈRE

Emmanuel Tagnard

Très Saint-Père

LETTRES OUVERTES AU PAPE FRANÇOIS

Préface de Jean-Claude Guillebaud

salvator

© Éditions Salvator, 2018
Yves Briend Éditeur
103, rue Notre-Dame-des-Champs F-75006 Paris
contact@editions-salvator.com
www.editions-salvator.com

Maquette intérieure : Atlant'Communication
Couverture : Petit Atelier

ISBN : 978-2-7067-1655-3

Tous droits réservés pour tous pays

À ma mère
À mon père
À Andrée-Esther, dont le chemin a croisé
ma route dans le désert du Hoggar

« La dignité humaine implique nécessairement "d'être en chemin". Quand l'homme ou la femme n'est pas en chemin, c'est une momie. C'est une pièce de musée. La personne n'est pas vivante. »
Pape François[1]

« L'homme religieux est en chemin et doit être prêt à se laisser guider, à sortir de soi pour trouver le Dieu qui surprend toujours. »
Pape François[2]

« Un homme est libre quand il continue de chercher, quand rien n'est acquis définitivement, quand il ne dit pas "je sais". »
Marc-Alain Ouaknin[3]

« Si tu t'engages dans le voyage, tu arriveras. »
Ibn' Arabi[4]

---

1. Pape François, *Politique et société*, Rencontres avec Dominique Wolton, L'Observatoire, Paris, 2017, p. 27.
2. Pape François, lettre encyclique *Lumen Fidei*, 29 juin 2013, n° 35.
3. Marc-Alain Ouaknin, *Les Dix Commandements*, Seuil, Paris, 1999, p. 104.
4. Ibn' Arabi, théologien et poète soufi arabo-andalou (1165-1240).

Préface

Très Saint-Père,

Afin de respecter la tonalité de ce très beau livre, c'est à vous que je m'adresse respectueusement. L'éditeur que je suis – et depuis longtemps! – croit savoir que les vrais livres sont ceux qui bousculent les usages, transgressent les règles, innovent et s'approchent du «feu» intime qui réunit un auteur et un lecteur dans un face-à-face qu'on appelle «littérature». Le projet d'Emmanuel Tagnard, lorsqu'il m'en a parlé, m'est d'abord apparu comme directement inspiré par ce que Georges Bernanos appelle «l'esprit d'enfance». Cette joie téméraire qui rompt avec les habitudes, les clichés, les ronrons décevants du tout-venant littéraire. Tout a commencé ainsi.

J'étais enthousiasmé par le courage et (discrètement) affolé par la difficulté du projet. Qu'on en juge! D'abord, partir pour Rome à pied en suivant la via Francigena. Puis profiter de cette marche de 1 074 kilomètres pour, d'étape en étape, vous écrire, très Saint-Père, dix-huit lettres personnelles, ferventes, imprudentes peut-être, puisqu'elles procédaient du cœur. Apprendre un peu plus tard que ces lettres avaient été lues avec attention au Vatican. Attention et miséricorde, j'imagine, puisque l'année 2016 était justement dédiée à cette vertu.

Le projet dicté par l'esprit d'enfance prenait déjà consistance et même ce que nous éditeurs appelons «crédibilité». Mais il fallait pousser plus loin l'audace. Emmanuel Tagnard, enhardi, demanda à des personnalités – pas forcément chrétiennes – de prendre à leur tour la plume pour vous écrire, à titre personnel et en toute liberté. Faut-il remercier le Saint-Esprit? Je crois bien que oui. Toujours est-il que nombre d'entre elles, et non des moindres, acceptèrent, et cela, au-delà de leurs différences confessionnelles. Catholiques, protestants, agnostiques, juifs, musulmans, bouddhistes, tous acceptaient ainsi de devenir, le temps d'une lettre, des pèlerins marchant ensemble vers l'évêque de Rome, comme on chemine, sans relâche ni fatigue, vers l'espérance et vers la foi.

Le miracle de ce livre n'est pas seulement qu'un projet d'enfant ait abouti. Il est dans le fait que la démarche qui le nourrit me semble coïncider avec la vôtre. Bousculer les habitudes?

Réinventer un langage ? Tenir tête aux pesanteurs de l'institution, pour revenir à l'essentiel, c'est-à-dire au message évangélique ? Braver les conservatismes et les « cléricalismes » inspirés par « l'esprit de vieillesse » (Bernanos encore) ?

C'est en tout cas ce que j'ai cru comprendre dès le début. Quand vous êtes apparu, le 13 mars 2013, sur le balcon de la loge des bénédictions de la basilique Saint-Pierre de Rome, vêtu d'une simple soutane blanche ; quand vous avez demandé à la foule réunie de prier pour vous, avant de lui donner votre bénédiction. Alors, en quelques minutes, le monde entier a compris que quelque chose avait changé au sein même du christianisme. Une métamorphose annoncée, « *metanoïa* » disent nos frères orthodoxes. Elle désigne, comme l'écrit le prêtre orthodoxe Philippe Dautais, ce moment où l'on trouve la force de s'ouvrir « au jamais vu, jamais connu, jamais expérimenté, à la nouveauté créatrice », en écartant « toutes les conceptions qui habitent notre vieille conscience ».

Je prends garde, bien sûr, à ne rien mélanger. Il n'en reste pas moins que cet « objet littéraire non identifié » porte en lui une même volonté d'accueillir sans crainte le monde qui vient. Y compris quand il nous paraît menaçant. C'est un rassemblement de confiances, un bouquet de lumières vives qu'Emmanuel Tagnard vous apporte depuis l'abbaye de Saint-Maurice dans le canton du Valais, en Suisse. Son pays.

Merci, très Saint-Père, de faire bon accueil à ce bouquet cueilli en chemin.

Jean-Claude Guillebaud[1]
Journaliste et écrivain

---

1. J'avais été frappé par une percutante conférence de Jean-Claude Guillebaud intitulée «Comment partager l'espérance?» (Genève, 18 mars 2014). Il observait qu'il faut remonter au néolithique pour trouver les mutations semblables à celles que traversent actuellement nos sociétés. C'est lui qui m'a incité à publier cet ouvrage. Qu'il en soit ici remercié.

Prologue

SEPT ans ont passé vite, trop vite! Je m'étais promis de consacrer mes vacances à faire de longues marches en solitaire. J'ai tenu ma promesse... Bien sûr, je suis allé à Compostelle en priorité, puis j'ai traversé les Alpes, la Suisse et la Corse.

En 2016, j'ai décidé de suivre la via Francigena jusqu'à Rome. L'archevêque Sigéric de Cantorbéry l'emprunta en 990, pour recevoir son pallium des mains du pape Jean XV. Il rédigea un journal qui documente son retour en Angleterre en quatre-vingts étapes. En 2004, le Conseil de l'Europe certifia ce chemin de pèlerinage médiéval comme «grand itinéraire culturel».

Ne connaissant ni Rome ni le Vatican, j'ai pensé que choisir l'année de la Miséricorde était le bon moment pour faire connaissance avec le centre névralgique de la foi catholique. L'idée d'aller à la rencontre du pape François, successeur de Pierre, renforçait davantage mon désir: à ma démarche initiale de pèlerinage vers un lieu saint s'ajoutait la perspective joyeuse de la rencontre avec un homme saint.

C'est donc tout naturellement que je décidai d'écrire régulièrement au pape François pendant mon pèlerinage vers lui, et de lui parler, comme à un ami, des aventures de la route. Cet engagement avec moi-même m'a souvent aidé à avancer « malgré tout » !

Le 11 juin 2016, je suis parti de l'abbaye de Saint-Maurice dans le canton du Valais. Elle a célébré ses 1 500 ans en 2015 et se situe exactement à mi-parcours entre Cantorbéry et la Ville éternelle.

J'ai marché 1 074 kilomètres pendant quarante-huit jours. J'ai posté les dix-huit lettres qui suivent au pape François à l'adresse de sa résidence Sainte-Marthe dans la Cité du Vatican. Quelques semaines après mon retour en Suisse, un courrier de la Secrétairerie d'État m'informa que mes réflexions avaient été lues avec attention.

Revenu à Genève, j'ai bien sûr pensé que beaucoup d'autres avaient écrit à ce pape médiatique et je me suis demandé ce que pourrait bien lui écrire telle ou telle personne que je connaissais. L'idée a mûri. Elle a fait son chemin : faire écrire des lettres personnelles au pape François. J'ai donc fait lire mes lettres à des personnalités que j'avais connues en les interviewant dans le cadre de mon métier, et vers lesquelles, bien sûr, allait toute mon admiration. Ces femmes et ces hommes, en écrivant à leur tour une lettre au pape François, m'ont pour ainsi dire emboîté le pas, et sont devenus également pèlerins de Rome... Comme les grains d'un chapelet d'échos, tous différents mais unis vers un même but.

Un pèlerinage lointain ou immobile est toujours un parcours intérieur. Il éveille ou réveille en nous la direction que nous souhaitons donner à notre vie et l'élan pour y parvenir. Ultreia !

Emmanuel Tagnard

Première lettre

« *L'HOMME a-t-il renoncé à la recherche d'une grande lumière, d'une grande vérité, pour se contenter des petites lumières qui éclairent l'immédiat, mais qui sont incapables de montrer la route ? Quand manque la lumière, tout devient confus, il est impossible de distinguer le bien du mal, la route qui conduit à destination de celle qui nous fait tourner en rond, sans direction.* »

Pape François[1]

---

1. Pape FRANÇOIS, lettre encyclique *Lumen Fidei*, 29 juin 2013, n° 3.

Genève, le 9 juin

Très Saint-Père, cher pape François,

Voilà. Je m'apprête à partir demain pour Rome à pied en empruntant la via Francigena depuis l'abbaye de Saint-Maurice, en Suisse, jusqu'à la place Saint-Pierre. Chaque année, j'entreprends une grande marche. En 2010, je suis parti de chez moi pour rejoindre en trois mois Saint-Jacques-de-Compostelle. Cette année, j'ai éprouvé le désir de me rendre à Rome pour prier sur la tombe de saint Pierre et sur celle de saint Paul, et aussi pour des raisons plus obscures qui s'éclaireront chemin faisant.

Un épisode récent de ma vie personnelle m'a fait me sentir proche de vous et a déterminé ce projet. Je me permets de vous le raconter : depuis trois ans, ma mère souffre d'une dépression qui fut très perturbante pour toute notre famille. Le soir où nous avons dû la faire hospitaliser, c'était le soir de votre élection. Ce soir-là, vous avez choisi le nom de François. Et ma mère se prénomme Françoise…

D'autre part, je suis journaliste et producteur catholique des émissions religieuses télévisées de la Radio télévision suisse (RTS). Mon travail m'a permis de transmettre en direct la version française de votre discours ainsi que votre bénédiction *Urbi et orbi* de Noël 2014 et 2015. Ce fut un honneur, une chance et une joie de me voir confier cette mission. Pourtant, les dix mois qui viennent de s'écouler ont été très difficiles pour notre rédaction œcuménique car la direction des programmes de la RTS a décidé en novembre dernier de supprimer plusieurs émissions religieuses radio et TV. Cela a généré beaucoup de tensions mais aussi beaucoup de soutiens (une pétition de vingt-cinq mille signatures). Les négociations qui ont lieu actuellement avec la direction de la RTS, n'ont pas encore abouti[1].

Je pense vous écrire quelques lettres qui seraient des jalons spirituels pour soutenir mes efforts. Je me projette déjà à mon arrivée dans cette foule fervente qui vous acclamera. Un parmi d'autres, heureux d'être en votre présence sur la place Saint-Pierre.

Je vous remercie, Très Saint-Père, cher pape François, de votre attention à mon projet et vous adresse mes fraternelles prières.

Emmanuel Tagnard

---

1. À l'issue des négociations entre la RTS, Cath-Info et Médias-pro, qui ont eu lieu pendant mon pèlerinage, l'essentiel des magazines TV et radio à caractère religieux a pu être préservé. Depuis, la direction des programmes de la RTS a été renouvelée.

Lettre d'Anselm Grün, moine bénédictin et écrivain

Anselm Grün est le moine bénédictin le plus lu dans le monde. Pour lui, « la quête de la mère perdue est la quête du paradis, non pas en tant que régression comme nostalgie d'un état antérieur, mais comme progression, comme désir d'une intimité ultime. Cette intimité, aucun être et aucune terre ne peut nous l'offrir, Dieu seul peut nous la donner. C'est vers Lui que nous allons toujours quand nous marchons[1] ». Je ne connais pas personnellement Anselm Grün. Je le remercie d'avoir répondu si spontanément à ma demande.

---

1. Anselm Grün, *Pèlerins. Pour une théologie de la marche*, Mediaspaul, Paris, 2011, p. 41.

Abbaye de Münsterschwarzach, le 9 janvier 2017

Cher pape François!

Pour entreprendre un pèlerinage, il faut s'en aller, s'extraire de ses habitudes. Pour nous les chrétiens, le modèle originel de l'exode, c'est Abraham. Pour les moines anciens, se mettre en route avait une triple signification:
1. Quitter tout ce qui me retient et dont je suis dépendant. Se défaire des vieilles habitudes.
2. Laisser derrière soi les impressions du passé, les vulnérabilités anciennes et la tendance à idéaliser le bon vieux temps.
3. Quitter le visible pour se diriger vers l'invisible, pour se diriger vers Dieu.
Le poète romantique Novalis a résumé cela en une très belle phrase: «Où allons-nous donc? —Toujours à la maison!» En fin de compte, nous sommes toujours en chemin vers un endroit où nous pourrons nous sentir chez nous. La langue allemande relie le chez-soi (die Heimat) *avec le mystère* (das Geheimnis)*. On ne peut se sentir chez soi que là où le mystère a sa place.*

Vous avez eu le courage de rompre avec les habitudes anciennes. Vous avez osé le renouveau avec l'Église. Vous avez fait confiance à la lumière du Saint-Esprit qui nous guide sur ce chemin pour que nous ne manquions pas notre but. Pour l'Église, le concile Vatican II a eu recours à l'image du peuple de Dieu pèlerin. Oui, nous sommes tous sur ce chemin. Mais pour suivre un chemin, il faut avoir le courage de partir et se mettre en route. Vous avez eu ce courage et c'est volontiers que je suis prêt à partir avec vous, pour cheminer vers Dieu. Car, finalement, chaque pèlerinage est une métaphore du chemin intérieur qui mène à Dieu.

Personnellement, en plus de celle d'Abraham, il y a encore deux autres figures que je relie à la notion de départ. La première, c'est celle de Marie qui quitte Nazareth, sa patrie. La jeune fille se met en route pour franchir les montagnes, surmontant toutes les cimes faites de peurs et de doutes pour trouver Élisabeth. L'autre figure, c'est Jésus lui-même. Je trouve que le rite qui consiste à rompre le pain durant la célébration de l'eucharistie est une belle métaphore de la rupture, du départ. Nous rompons le corps de Jésus-Christ, rompu pour nous sur la Croix, pour que nous-mêmes ne nous brisions pas sur les obstacles que nous croisons sur notre route, mais qu'au contraire, nous nous ouvrions à Dieu et à nos frères et sœurs. Nous rompons le corps de Jésus-Christ pour oser entrer dans l'amour avec lequel Il nous a aimés sur la Croix, jusqu'au bout.

Ainsi, je souhaite que le départ des pèlerins continue à vous donner la force et le courage de renouveler l'Église, sans cesse. Afin que, guidée par vous, elle suive le chemin vers Dieu, en n'oubliant ni les pauvres ni les mendiants, et que nous cheminions ensemble vers la maison qui nous est promise à tous : « mais notre demeure est aux cieux » (Ph 3, 20).

Votre P. Anselm Grün, o.s.b.

Deuxième lettre

« *L'APPEL d'Abraham [...] nous rappelle que personne n'est chrétien par hasard car Dieu nous appelle par notre nom et avec "une promesse". Nous aussi, chrétiens, nous avons été appelés individuellement. Aucun de nous n'est chrétien par pur hasard. Il y a un appel pour toi, pour toi, pour toi. C'est un appel par notre nom, avec une promesse : "Va de l'avant, je suis avec toi, je marche à tes côtés."* »

Pape François[1]

---

1. Pape FRANÇOIS, Méditation matinale en la chapelle de la résidence Sainte-Marthe, « L'appel d'Abraham » paru dans *L'Osservatore Romano* (4 juillet 2013).

Bourg-Saint-Pierre, le 14 juin

Très Saint-Père, cher pape François,

C'est dimanche. J'ai assisté à la messe à la basilique de Saint-Maurice et je suis parti sur le chemin avec en moi les paroles du prêtre qui a fait l'homélie : « Être chrétien, c'est laisser le Christ vivre en soi. » C'est bien l'objectif de mon pèlerinage : faire de l'espace en moi pour Lui laisser de la place. Le prêtre a rappelé que le pardon était aussi un « par-don ». Je pars. Je vais essayer de faire vivre le Christ en moi et je vous fais don, très Saint-Père, de ce parcours à travers les Alpes.

Après six heures de marche, je suis fourbu en ce premier jour de mise en route. Mes hanches sont douloureuses. Elles doivent s'habituer aux 16 kilos que je porte sur les épaules. Le bruit des voitures sur la route est incessant, bourdonnant. Le bruit du torrent au fond de la vallée est assourdissant. Dans la forêt, un petit chamois a détalé à quelques mètres de moi, surpris de ne pas m'avoir entendu arriver sur le chemin escarpé.

C'est avec joie et reconnaissance que j'entre dans le premier gîte de mon parcours. Je remarque immédiatement un client en train de terminer son repas. Un gros chien de berger blanc est allongé à ses pieds. Je m'approche de cet homme. Incroyable : c'est l'abbé Pauli, l'un des prêtres de ma paroisse. Il m'explique qu'il vient d'être nommé dans le canton du Valais. Son collègue, l'abbé Alexis, m'avait béni la veille, avant mon départ. Cette rencontre est un signe de la Providence. Je m'invite à sa table. Il me parle d'un projet qui lui tient à cœur : la pastorale périphérique. Toucher les gens en allant les chercher là où ils sont avec une base liturgique forte dans laquelle s'ancrer. Il me semble que cela s'inscrit totalement dans la ligne de votre pensée.

Depuis dix ans, le père Pauli organise la messe des motards à Genève. Au début, cinquante personnes y participaient. À la dernière cérémonie, ils étaient plus de deux mille. À travers cette pastorale « déjantée », beaucoup de personnes viennent ensuite le voir pour se marier ou faire baptiser leur enfant. « C'est un moyen pour les remettre en chemin », me dit-il. À présent, l'abbé Pauli souhaiterait mettre sur pied une camionnette itinérante qui puisse aller dans les grands festivals de musique en Suisse romande pour rencontrer les jeunes là où ils se trouvent. Il m'a demandé de prier pour son projet pendant mon chemin.

Après une nuit passée à Bourg-Saint-Pierre, je m'apprête à partir ce matin pour l'hospice du

Grand-Saint-Bernard. Je pourrais ainsi assister à la messe du 15 juin, jour de la Saint-Bernard de Menthon, patron de l'hospice.

Recevez, très Saint-Père, cher pape François, mes fraternelles prières.

Emmanuel

Lettre d'André N. Lévy,
sémiologue et écrivain

ANDRÉ N. Lévy est chercheur autodidacte en archéographie. Son amour des lettres et des langues orientales (sanskrit, araméen, phénicien, nabatéen, paléohébraïque) l'a conduit à parcourir le monde. Spécialiste du proto-araméen, il considère que les mots sont des êtres vivants qui portent une charge sémiologique, émotionnelle et historique qui traverse les siècles. Il a publié de nombreux ouvrages dont *Le petit Lévy. Dictionnaire archéographique*[1].

---

1. GL Diffusions, 2015

La Tour-de-Peilz, le 14 octobre 2017

*Très Saint-Père (le père des chrétiens, le père des fidèles),
cher pape François,*

J'ai grandi dans mon enfance au Maroc, sous le règne de Sa Majesté le roi Mohammed V, en pays du Maghreb, «Le couchant», pendant la fête du «Moussem», Wasm *en arabe («la marque de la propriété des animaux»). Le Maroc des langues, des dialectes, des Berbères, des Touaregs avec leurs écritures: le tifinagh, le bambara du Mali, le mandé du Niger, le wolof du Sénégal, le libyque de la tribu Lebou, qui signifie «le cœur»,* Leb *en arabe. L'oasis principale est le cœur du désert, d'où le nom du pays: la Libye.*

Je découvre véritablement, vers l'âge de sept ans, la langue française. Mon père Isaac Lévy est né en 1909 à Essaouira («La tour de surveillance»), Mogador en portugais.

Droguiste, il a la passion des plantes médicinales du Maroc. Alors qu'il soulage gracieusement la mère supérieure et les sœurs du couvent, il m'inscrit dans leur école chrétienne, sous la direction de mère Marie.

Me voici dans une classe de quarante enfants de toutes origines: portugaise, espagnole, italienne, africaine, de toutes confessions. Dans la famille juive dans laquelle je suis né (dans le lit de ma grand-mère

Rachel), avec un grand-père Messod (« le fondateur »), rabbin de cour, qui étudiait la Tora dans sa villa, au milieu du citronnier, du caroubier, du dattier, de l'amandier, d'un baobab – le père des arbres, Hibbab *en arabe, le fruit à graines, le pain des singes.*

Dans la villa, j'entends le ladino (judéo-espagnol), le yiddish (le judéo-allemand), l'hébreu biblique, l'arabe classique et dialectal, le berbère, toutes les langues véhiculaires (espagnol, portugais, anglais, araméen et russe).

Je pose une simple question entre sept et huit ans à mon grand-père : « Quelle est l'origine du premier A (alif, alef, alfa) ?… Où est-il né ? » Cette question me préoccupera tout au long de ma vie de chercheur autodidacte en archéographie, science de l'origine de l'écriture par l'étude de la racine de chaque lettre.

*Mon grand-père m'écrit avec un bâton sur le sable des noms de pays et m'encourage à m'y rendre dès l'âge de dix-sept ans : le chemin se fera en France à Paris, lors de ma « Bar Mitzwa » (*ברמצוה *en hébreu) à l'âge de treize ans et un jour. Alors que mon père est dégagé de la responsabilité de son fils, je suis appelé à monter à la Tora.*

C'est ainsi que je découvre Rachi (Rabbi Chlomo Ben Itzhak Ha Tzarfati : Rabbin Salomon fils d'Isaac le Français), un exégète légiste, né au XIe siècle à Troyes (1040-1105). Sa qualité est la littération. Ses travaux m'encouragent à faire des *recherches linguistiques depuis l'époque d'Abraham. Rachi littère Abram dans sa paracha (la section) de la Bible : « Lekh Lekha », « Va vers toi ! dit l'Éternel à Abram » : en hébreu* אברם *– Ab* אב *– le père – Arami* ארמי *– des Araméens, le père de sa terre, de son pays natal – Our* רע *– en Chaldée, époque du suméro-akkadien du roi Hammourabi de Babylone (1800 av. J.-C.), – Ham – la famille, l'aïeul. Rabi, qui guérit, qui soigne, un code « d'éthique » d'origine, conforme aux mœurs.*

La langue hébraïque n'est qu'un rameau détaché de cet arbre, ce chêne qu'est l'écriture proto-araméenne ! Un alphabet de dix-sept lettres à l'origine de tous les alphabets du monde.

Abram prendra le nom d'Abraham donné par l'Éternel quasi cent ans après. Après avoir été le père des Araméens, le voici père de la multitude de tous les peuples. En hébreu, Abraham se dit אברהם, *« le père ». En proto-araméen :* Ab-rehem, *« père de la Miséricorde ». En arabe :* Ibrehem *ou* Ibrahim, *« père de la Miséricorde », « le droit au pardon ». Abraham relie à la fois tous les hommes à la foi au Divin.*

Me voici parti dès l'âge de dix-sept ans en Orient, en Israël, au Liban, en Jordanie, en Syrie entre l'Égypte et la Mésopotamie.

Le mot est un être vivant : le mot grandit comme un enfant au sein, fait ses premiers pas, se met à parler, à réfléchir, à s'exprimer.

Le mot est aussi un nom : Matthieu, Marc, Luc, Jean ne sont-ce que des mots ? Ou bien ce sont des noms et des êtres vivants ? Paul, Timothée, Tite, Jacques, Jean, l'Emmanuel « Dieu avec nous », Marie, son fils premier né auquel Joseph donne le nom de Jésus (Mt 1, 25).

Réveillons-nous ! Des mots encore des mots ! Ou des êtres vivants ?

Le mot a une âme. « Le verbe s'est fait chair. »

Lorsque j'ouvre l'Évangile de Matthieu (Mt 1, 1) en proto-araméen, je découvre :

תלד	ישוע	משיחא
talad	Yhéchoua	Myhéchoua
généalogie	Jésus	(de) Christ

בן	דוד	בג	אב-ר-הם
ben	Daoud	ben	Ab-rehem
fils	David	fils (de)	(d') Abraham

Avec Matthieu, nous remontons à David et Salomon, avec Luc à Nathan, Joseph et Lévi !

Nous voici en généalogie, à l'établissement minutieux de nos aïeux. Avec Abraham, le lien indissoluble entre les trois religions monothéistes :

— le judaïsme et la Tora écrite, qui ne changent pas un iota des Écritures ;

— les Évangiles avec Christ Jésus.

א ע ש ה ׳ מ ׳ א ע ש ה י
  Myhéchoua   Yhéchoua
  (de) Christ   Jésus

N'est-il pas l'hostie pure et salutaire pour les vivants, par ses mots et ses paroles?

– l'islam, le livre (Al Kitab), le Coran (Qur'an), la récitation, la prédiction de Muhammad, dont la racine – Med – est celle de la modération, origine du mot « Medine » et « Médecine ».

Je passerai, très cher Saint-Père, le restant de ma vie, à rechercher le mot ajusté qui reste un mot de paix et de compréhension entre les Nations et les hommes, afin d'être fidèle à nos pères et de transmettre à la génération actuelle et future l'essentiel du mot, du verbe.

Recevez, très Saint-Père, cher pape François, père des chrétiens, père des fidèles, toute ma considération.

André Naftali Lévy

Troisième lettre

« *APRÈS avoir confessé sa foi devant saint Pierre, Dante la décrit dans* La Divine Comédie *comme une "étincelle, qui se dilate, devient flamme vive et brille en moi, comme brille l'étoile aux cieux" (Paradis XXIV, 145-147). C'est justement de cette lumière de la foi que je voudrais parler, afin qu'elle grandisse pour éclairer le présent jusqu'à devenir une étoile qui montre les horizons de notre chemin, en un temps où l'homme a particulièrement besoin de lumière.* »

Pape François[1]

---

1. Pape FRANÇOIS, lettre encyclique *Lumen Fidei*, 29 juin 2013, n° 4.

Étroubles, le 15 juin

Très Saint-Père,
cher pape François,

Hier, j'ai gravi le chemin qui mène au col du Grand-Saint-Bernard à la vitesse d'un escargot. Mes hanches étaient toujours douloureuses. Des marmottes curieuses sifflaient sur mon passage avec leurs cris stridents. Comme le brouillard s'est fait dense et la neige très molle, j'ai préféré continuer sur la route goudronnée pour atteindre le col à 2 473 mètres d'altitude.

Quelle joie d'entrer par la porte de l'hospice qu'un panneau désigne comme «la porte de la Miséricorde»! Frédéric, le frère portier, m'accueillit avec un thé chaud revigorant. Je suis arrivé juste à temps pour assister à la messe célébrée dans la crypte par le prieur José Mittaz. Pour lui, les lieux de pèlerinages apprennent «à être réaliste, à marcher les pieds sur terre. Nous croyons en un dieu qui s'est fait humain peut-être pour découvrir que l'humain est le chemin le plus proche pour rejoindre une présence divine qui nous dépasse mais qui s'inscrit en nous[1]».

---

1. «De Saint-Maurice au Grand-Saint-Bernard», reportage d'Alexandre Stern, diffusé dans *Faut pas croire* sur la RTS (21 septembre 2014).

Notre petite assemblée s'est rendue ensuite dans le chœur ouvragé de l'église pour les vêpres de la Saint-Bernard. À la fin de la cérémonie, l'orgue accompagné d'un accordéon joua un étonnant tango d'Astor Piazzolla. J'ai bien évidemment pensé à vous, très Saint-Père. J'ai été ému en songeant à toutes les générations de chanoines qui se sont succédées sur les sièges du chœur rehaussés d'angelots.

Ce matin, dans les couloirs de l'hospice, tout le monde se souhaite «bonne fête». Les chanoines de l'abbaye de Saint-Maurice se sont déplacés pour l'occasion. Trois évêques concélèbrent la messe: deux évêques romands et un évêque chinois qui a lu l'évangile dans sa langue car un de ses jeunes compatriotes entrera la semaine prochaine dans la congrégation. Pendant son homélie, Mgr Morerod, l'évêque de Lausanne, Genève et Fribourg, partagea une anecdote qui m'interpella: à la sortie d'une messe, un garçon de dix ans déclara qu'il n'avait pas besoin d'aller à l'église car il était Dieu lui-même. Sa cousine, une petite fille de huit ans, lui montra alors les montagnes depuis le parvis et lui demanda: «Alors? C'est toi qui a fait tout ça?» Le garçon resta coi.

Après la célébration, j'ai repris mon sac et mes bâtons de pèlerin en direction de l'Italie toute proche. Sitôt passée la frontière, j'ai ressenti la force majestueuse des sommets enneigés. Face à ces géants, nous sommes si petits. Je reste coi.

Recevez, très Saint-Père, cher pape François, mes fraternelles prières.

Emmanuel

Lettre de Matthieu Ricard, moine bouddhiste, auteur, traducteur et photographe

Après un premier voyage en Inde en 1967 où il rencontre de grands maîtres spirituels tibétains, Matthieu Ricard termine son doctorat en génétique cellulaire à l'Institut Pasteur en 1972, puis part s'installer définitivement dans l'Himalaya. Interprète français du Dalaï-lama, il a publié de nombreux livres et albums de photographies. Il a fondé l'association Karuna-Shechen[1] qui soutient plus de cent cinquante projets humanitaires et vient en aide à plus de trois cent mille personnes dans la région himalayenne. Il est auteur, entre autres, de *Plaidoyer pour l'altruisme. La force de la bienveillance*[2].

---

1. www.karuna-shechen.org.
2. Nil, Paris, 2013.

Monastère de Shechen – Katmandou – Népal, le 5 février 2018

Votre Sainteté,

Je ne suis qu'un humble moine bouddhiste et ne possède pas la moindre des qualités qui justifieraient que vous preniez quelques instants de votre temps éminemment précieux pour lire cette lettre. C'est donc un hommage que je vous offre, à la manière d'une fleur envoyée depuis les prairies de l'Himalaya où je réside habituellement.

Je rends hommage, en effet, à la détermination et à la persévérance avec lesquelles vous soutenez ceux qui, dans ce monde, sont les plus démunis, les plus négligés, les plus méprisés et les plus persécutés.

Je rends hommage également à vos appels réitérés pour que cessent les conflits absurdes qui entraînent la mort inutile de tant d'êtres humains. Comme vous le soulignez souvent, et comme l'avait aussi dit le bouddha, « Si la haine répond à la haine la haine ne cessera jamais ». Comment pourrait-il y avoir une guerre juste? Comment pourrait-il y avoir une guerre sainte? C'est à la guerre elle-même que nous devons déclarer la guerre. Il nous faut, comme vous nous le rappelez souvent, engendrer en nous la détermination inébranlable de résoudre les conflits par le dialogue, non par faiblesse mais parce que c'est la seule manière d'établir une paix véritable. Le désarmement extérieur doit commencer par un désarmement intérieur, la paix extérieure par une paix intérieure.

Trop souvent, de nos jours, les religions sont utilisées comme des drapeaux de ralliement pour diviser des peuples. Il importe que nous reconnaissions qu'en dépit de nos différences théologiques et philosophiques, toutes les religions du monde ont prêché à l'origine un message d'amour. Aucun prophète, aucun saint, aucun sage n'a commencé par prêcher la haine du prochain.

Le XIVe Dalaï-lama du Tibet suggère quatre manières de faciliter l'harmonie entre les grandes religions du monde :

— Faire en sorte que les théologiens et les représentants qualifiés de ces religions se rencontrent pour acquérir une meilleure connaissance des points fondamentaux des autres religions, afin d'éviter d'en avoir une perception déformée.

— Encourager les contemplatifs, eux aussi, à se rencontrer et échanger sur ce qui constitue l'essence de leurs pratiques, découvrant ainsi ce qui les unit au plus intime de leur chemin spirituel.

— Inspirer les représentants des grandes religions à faire ensemble des pèlerinages dans les lieux saints de chacun, des lieux où l'on se rende pour devenir meilleur, pour aller au cœur de sa religion, en laissant

derrière soi tout sentiment négatif qui pourrait habiter l'esprit.

– Rassembler régulièrement les patriarches des grandes religions du monde, comme ce fut le cas à Assise en 1986 à l'invitation du pape Jean-Paul II, non seulement pour prier ensemble, mais pour qu'ils puissent mieux se connaître, s'apprécier et se respecter mutuellement, afin de pouvoir par la suite se concerter lorsque des difficultés et des conflits surviennent sur la base de divisions religieuses.

Permettez-moi donc de conclure cette humble missive en vous souhaitant une longue vie de sorte que vous poursuiviez longtemps à mettre l'amour et la compassion au service de ceux qui en ont le plus besoin en ce monde.

Très respectueusement,

Matthieu Ricard

Quatrième lettre

« *SOUVENT on Le cherche à tâtons, comme on peut le lire dans de nombreux passages bibliques. C'est l'expérience des Pères de la foi qui sont nos modèles. Il faut relire le chapitre 11 de la Lettre aux Hébreux. Abraham part sans savoir où il va, guidé par la foi. Tous nos ancêtres dans la foi sont morts en ayant aperçu les bonnes promesses mais de loin... Notre vie ne nous est pas donnée comme un livret d'opéra où tout est écrit: elle consiste à marcher, cheminer, agir, chercher, voir... On doit entrer dans l'aventure de la recherche, de la rencontre, et se laisser chercher et rencontrer par Dieu.* »

Pape François[1]

---

1. Pape François, Entretien avec Andrea Tornielli publié dans *La Stampa* (15 décembre 2015).

Pont-Saint-Martin, le 19 juin

Très Saint-Père, cher pape François,

Ma première semaine de marche est achevée. Je quitte la Vallée d'Aoste pour entrer dans le Piémont.

Un ami m'a appelé hier sur mon téléphone portable. Il voulait savoir pourquoi je n'étais plus présent sur les réseaux sociaux. Je lui ai expliqué que je faisais le pèlerinage de Rome. Il n'a pas voulu comprendre que je fasse autant d'efforts pendant mes vacances et m'a demandé à quoi je pensais lorsque je marchais six ou sept heures à la suite. Je lui ai répondu que c'était une manière de « digérer » les difficultés de l'année en les faisant descendre dans le corps.

Par la prière et par la pensée de ceux que je porte dans mon cœur, j'ai l'impression de ne pas marcher et peiner uniquement pour moi mais également pour ceux qui en ont besoin.

De plus, mon attention est sans arrêt en éveil pour identifier la prochaine indication qui me permettra de trouver la bonne direction. Il me semble donner du sens à ma journée par mon attention à la fois à la réalité du chemin et à ceux auxquels je pense.

Avec mon sac lourd et mes souliers boueux, je suis comme un astronaute redescendu sur terre qui avance avec peine. La prière m'aide à me reconnecter à ce que je suis profondément, loin des masques et des rôles que la société impose.

« À chaque jour suffit sa peine », affirmait avant-hier l'évangile pendant la messe des capucins de Châtillon. J'ai été heureux de passer quelques heures dans cette communauté de six moines qui veillent sur les pèlerins en chemin. L'attention qu'ils portent à chaque visiteur de passage est précieuse : elle redonne courage et confiance.

Marcher sur cette route historique est comme entrer en communion avec une dimension spirituelle qui traverse le temps et reste bien vivante. Je suis seul et n'ai rencontré, pour l'instant, aucun autre pèlerin, mais je sais que des milliers de gens ont déjà posé leurs pieds là où je les pose. Chaque église est bien plus que simplement un monument au milieu d'un village : c'est une étape qui indique la direction qui mène aux tombeaux de Pierre et Paul.

Recevez, très Saint-Père, cher pape François, mes fraternelles prières.

Emmanuel

Lettre de David Le Breton, anthropologue et sociologue

David Le Breton est professeur à l'Université de Strasbourg, membre de l'Institut universitaire de France. Il s'est spécialisé dans les représentations du corps humain qu'il a notamment étudiées en analysant les conduites à risque. J'ai découvert qu'il était un grand marcheur en lisant *Éloge de la marche*[1]. Il estime que les randonnées sont des pieds de nez à la modernité. Auteur également de *Du silence. Essai d'anthropologie*[2], de *Marcher. Éloge des chemins et de la lenteur*[3], de *Disparaître de soi. Une tentation contemporaine*[4].

---

1. David Le Breton, *Éloge de la marche*, Métailié, Paris, 2000.
2. Métailié, Paris, 1997.
3. Métailié, Paris, 2012.
4. Métailié, Paris, 2015.

Strasbourg, le 7 janvier 2017

Partir à pied en laissant tout confort et tout repère derrière soi est une forme de dépouillement, une ouverture au monde propice aux rencontres, au renouvellement de soi avec les seules ressources de son corps et un esprit qui bat la campagne, éloigné désormais des routines de la vie ordinaire avec son cortège de soucis qui deviennent de plus en plus dérisoires au fur et à mesure de la progression.

Le pèlerin met ses pas sur les mêmes sentiers que les hommes et les femmes innombrables qui l'ont précédé. Il participe d'une chaîne immense qui a laissé sur la terre au fil des générations une mémoire vive sous la forme du chemin. Il en recueille l'esprit. Il n'est jamais seul accompagné de cette foule immense. La marche est un retour à la condition corporelle de l'homme, elle est un corps à corps avec le monde, mais selon sa seule volonté, le pèlerin progresse à son rythme, sans compte à rendre à personne, il prend son temps sans plus laisser le temps le prendre. Six ou sept heures de marche sont autant de temps pour la dépense, la jubilation de l'effort quand il est consenti, mais ce sont autant d'heures vouées à la méditation, à la rêverie, au sentiment de sa présence au monde. Le sac est lourd, les souliers boueux, les muscles durcis, mais telle est la voie d'une reconquête de soi et, pour le pèlerin porté par la foi, le sentiment de retrouvailles avec le divin.

Le marcheur se sent vivant et dans l'évidence de sa relation au monde, créature immergée dans l'immensité et portée par une nécessité intérieure qui va bien au-delà de soi. Il connaît l'«hilaritas», l'allégresse si chère à François d'Assise. Il prend les chemins de traverse et s'allège ainsi de ce qui l'encombre au fil des jours et lui donne le sentiment de se perdre, de passer à côté d'une existence dont il a oublié qu'elle est une chance et non une longue peine. Mais la renaissance qui se construit dans le cheminement implique de se mettre en condition, et non d'attendre passivement. Il faut aider le ciel à nous aider, sinon rien n'advient jamais.

Toute marche commence en randonnée et se métamorphose en pèlerinage. Comme le dit le pape François, nul ne sait où il va, chacun est dans l'aventure de la rencontre, de Dieu ou des autres. Le marcheur va au-devant de lui-même dans l'ignorance de la personne qu'il sera au terme de son voyage. L'existence est composée de plus d'imprévisible que de probable, et il se met en position d'accueil de l'inattendu. Aucune métamorphose ne se programme, elle survient.

David Le Breton

Cinquième lettre

« *P*OUR *moi, l'œcuménisme est prioritaire. Il existe aujourd'hui l'œcuménisme du sang. Dans certains pays, on tue des chrétiens parce qu'ils portent une croix ou ont une Bible, et avant de les tuer on ne leur demande pas s'ils sont anglicans, luthériens, catholiques ou orthodoxes. Leur sang est mélangé. Pour ceux qui tuent, nous sommes des chrétiens. Nous sommes unis dans le sang, même si nous n'arrivons pas encore à faire les pas nécessaires vers l'unité entre nous – et peut-être le temps n'est pas encore venu. L'unité est une grâce, que nous devons demander.* »

Pape François[1]

---

1. Pape FRANÇOIS, Entretien avec Andrea Tornielli publié dans *La Stampa* (15 décembre 2015).

San Germano, le 22 juin

Très Saint-Père, cher pape François,

Il y a deux jours, en arrivant à Ivrea, j'ai croisé le regard d'un jeune Africain qui se trouvait devant un centre commercial pour demander l'aumône. Je me suis senti proche de lui. Avec mon sac sur le dos, je suis plus attentif aux personnes qui se déplacent par nécessité. La veille, j'avais longé un camp de Roms qui a disparu le lendemain sans laisser de traces.

J'ai continué ma route et les paroles d'une chanson me sont revenues soudain en tête : « *Tu sei sorgente viva, tu sei fuoco, sei carità. Vieni Spirito Santo, vieni Spirito Santo.* » C'est un chant de la communauté de Taizé. J'aime me rendre régulièrement en Bourgogne pour y passer une soirée à chanter et à prier. J'y retrouve une vitalité spirituelle.

Ivrea n'est pas loin du monastère de Bose. J'en ai profité pour m'y arrêter hier. Là aussi, Frère Enzo a créé dans les mêmes années que Frère Roger une communauté œcuménique qui, elle, est mixte. Je suis arrivé au monastère juste avant les vêpres. Les voix des frères qui répondent à celles des sœurs me paraissent être l'image d'un équilibre idéal et apaisant.

Le repas est chaleureux. Les deux sœurs qui président notre dîner répondent avec bienveillance aux questions des visiteurs. Il y a de nombreuses nationalités à notre table : américaine, suisse, norvégienne... Face à moi, une jeune Italienne aux cheveux très courts me dit être venue avec son amie pour prendre soin de son âme. Je rencontre aussi Rebecca, une Suissesse qui me parle des deux jours de retraite en silence qu'elle s'offre chaque année loin de son mari et de ses enfants. Elle me dit que je vis la même expérience qu'elle mais sur un temps plus long et en avançant vers Rome. Nous allons prier l'un pour l'autre.

Recevez, très Saint-Père, cher pape François, mes fraternelles prières.

Emmanuel

Lettre de Cheikh Khaled Bentounes

Le cheikh Khaled Bentounes est l'un des leaders spirituels influents de trois cent cinquante millions de musulmans soufis dans le monde. Héritier d'une chaîne spirituelle ininterrompue remontant au prophète Muhammad, il est le 44ᵉ Maître spirituel de la confrérie soufie Alâwiyya-Darqawiyya-Shâdhiliyya. Depuis plus de quarante ans, il parcourt le monde pour promouvoir le dialogue interreligieux, l'égalité homme femme, la protection de l'environnement et la paix. Il œuvre inlassablement à transmettre la culture de paix et le vivre ensemble à travers une spiritualité millénaire et universelle qui éclaire notre vision et réconcilie la famille humaine.

TRÈS SAINT-PÈRE

Mostaganem – Algérie, le 2 décembre 2017

Votre Sainteté,

Une belle occasion m'est offerte aujourd'hui par notre ami le journaliste Emmanuel Tagnard de vous adresser mes remerciements suite à votre lettre d'encouragement au sujet de notre « engagement au service du dialogue et de la paix dans un esprit de vérité et de fraternité ».
Votre lettre du 14 août 2014 de la Secrétairerie d'État, nous assurant de l'abondance de vos bénédictions, nous a particulièrement touchés et a renforcé nos convictions de lancer auprès des Nations unies une Journée internationale du vivre ensemble pour promouvoir la culture de paix afin de réconcilier la famille humaine.
Cette Journée internationale pour vivre ensemble en paix constitue un moyen de mobiliser régulièrement les efforts de la communauté internationale pour promouvoir la paix, la tolérance, l'inclusion, la compréhension et la solidarité, et exprimer notre attachement au désir de vivre et d'agir ensemble, unis dans nos différences et notre diversité, afin de construire un monde durable de paix, de solidarité et d'harmonie[1].

---

1. À l'initiative de l'Algérie, l'Assemblée générale des Nations unies a adopté le 8 décembre 2017, à l'unanimité, une résolution par laquelle

De tout temps, des êtres d'exception ont invité à suivre ce chemin intérieur qui nous amène à la rencontre de l'autre et ils ont fait de la paix leur ultime prière: « Mon Dieu, Tu es la paix; de Toi provient la paix et vers Toi retourne la paix. Fasse que Ta paix emplisse mon cœur, la terre et tout l'univers. » Ce cheminement permet à la conscience de trouver une clé de lecture, un moyen de pouvoir tisser des liens entre nous, d'aborder différemment le rapport à cette altérité qui fait partie de nous-mêmes. C'est en empruntant cette voie en tant qu'acteur et témoin que j'ai pu partager des moments exceptionnels d'une intime fraternité. Je citerai par exemple les moines de Tibhirine, dans le cadre des rencontres du groupe de prière Le Lien de la paix (Ribat el-Salam), *notamment le père Christian de Chergé dont le testament spirituel est un appel vibrant et vivant à la fraternité entre la tradition chrétienne et musulmane.*

Depuis de nombreuses années, dans plusieurs pays d'Europe, des retraites spirituelles soufies (Khalwa) *sont accueillies dans des abbayes et des monastères chrétiens où l'hospitalité et la fraternité prennent tout leur sens. Des moments bénis qui nous appellent à revisiter tout ce que les traditions ont en commun*

---

elle proclame le 16 mai Journée internationale pour vivre ensemble en paix. 172 États se sont engagés à sponsoriser l'événement chaque année.

— sans syncrétisme — dans le respect mutuel de nos messages spirituels.

Votre Sainteté, je voudrais également souligner la joie que j'ai eue à partager avec des jeunes de différentes religions au sein de la communauté de Taizé en mai 2017 à propos du sens qui nous relie les uns aux autres et à promouvoir le vivre ensemble pour construire l'avenir l'un avec l'autre et non pas l'un contre l'autre[1].

En effet, débattre de ces valeurs sans se battre pour les imposer est à mon sens un gage de dialogue fructueux et sincère pour que notre humanité triomphe de son inhumanité, car à mes yeux la jeunesse est le capital le plus précieux à préserver des turpitudes et des malheurs d'un avenir qui s'annonce hélas incertain pour beaucoup d'entre eux.

Aussi, je souhaite sincèrement que les responsables religieux de toutes les traditions œuvrent ensemble par devoir comme par nécessité à préparer les générations à venir, à restaurer les valeurs universelles tels la paix, la justice, la dignité, le respect et le partage.

Le 28 juin 2017, j'ai eu l'immense privilège d'assister à l'ordination par Votre Sainteté de plusieurs cardinaux dont Son Éminence le cardinal de Bamako Mgr Jean Zerbo à la basilique Saint-Pierre de Rome. En tant qu'invité de la délégation panafricaine de

---

1. « Le goût de Dieu », week-end d'amitié islamo-chrétienne à Taizé (5-8 mai 2017).

dialogue interreligieux, ce fut un moment fort d'avoir participé à cette cérémonie solennelle qui, pour la première fois, honore un dignitaire catholique du continent africain. À deux reprises, j'ai eu l'honneur de rencontrer Sa Sainteté le pape Jean-Paul II et mon plus vif souhait serait qu'un jour je puisse avoir l'opportunité de vous saluer personnellement.

Nous vivons une époque particulière dans un monde qui, de plus en plus, se globalise et se mondialise et où Orient et Occident tendent à se confondre. En 1884 déjà, lors de la Conférence internationale de Washington qui a institué l'heure universelle, Sandford Fleming, ingénieur et apôtre de la mondialisation disait : « Le monde entier est devenu voisin, une parenté intime s'est établie… Nous n'avons qu'un globe, qu'un univers quelle que soit la multitude des parties qui le composent. » L'histoire et la géopolitique nous invitent, voire nous imposent de méditer et réfléchir sur le destin commun de l'humanité.

Comme l'écrivait le cheikh al-'Alâwî, fondateur de la Voie soufie Alâwiyya, représentante de la tradition spirituelle de l'islam, et considéré par certains comme un saint soufi du XXᵉ siècle, dans ses Recherches philosophiques n° VIII : « Les hommes, malgré leurs différences, constituent une vérité unique ; l'être humain est par rapport à la société comme le membre par rapport au corps : les membres diffèrent entre eux car diverses *sont leurs fonctions, mais on ne peut se dispenser d'aucun d'entre eux, quel qu'il soit, sous prétexte qu'il existe un autre membre plus noble : chacun est noble en raison de sa nécessité. »*

Aimer et servir Dieu se traduit par nos actions au service de l'humanité. Votre Sainteté, vos actions et votre engagement comme pasteur et acteur de la paix sont reconnus universellement. Nous prions le Miséricordieux pour qu'Il vous accorde Son aide et Son assistance à réaliser la réconciliation de la famille humaine.

Très Saint-Père, pour conclure, je me permets de partager avec vous cette prière que j'adresse au Tout-Puissant comme une offrande pour soulager Ses créatures : « Mon Dieu, je m'adresse à Toi à travers tous les cœurs et toutes les consciences contenues dans chacun et chacune de Tes créatures pour nous délivrer de l'orgueil, de la suffisance et de la folie meurtrière qui guette chacun de nous. Fais que ce message arrive à Toi comme une offrande de tous ceux et celles qui espèrent en Toi dans leur détresse, mais sans faiblir, et qui veulent, selon Ta volonté, vivre et partager dans la fraternité et la paix le don sacré que Tu nous as prodigué : la Vie. »

Avec mes respectueuses, fraternelles et chaleureuses salutations.

Cheikh Khaled Bentounes

Sixième lettre

« *Nous sommes tous des migrants, nous sommes tous en chemin. Et cette parole selon laquelle nous sommes tous des migrants n'est pas écrite dans un livre, elle est écrite dans notre chair, dans notre chemin de vie, qui nous assure qu'en Jésus, nous sommes tous enfants de Dieu, des enfants aimés, des enfants voulus, des enfants sauvés. Pensons à cela : nous sommes tous des migrants sur le chemin de la vie, aucun d'entre nous n'a de domicile fixe sur cette terre, nous devons tous nous en aller. Et nous devons tous aller retrouver Dieu : l'un le fera avant, l'autre après, ou comme le disait cette personne âgée, ce vieillard malin : "Oui, oui, tous ! Allez-y vous, j'irai en dernier !" Nous devons tous y aller.* »

Pape François[1]

---

1. Pape François, Discours à la population de Scampia, place Jean-Paul II à Naples (21 mars 2015).

Gropello Cairoli, le 25 juin

Très Saint-Père, cher pape François,

La via Francegina m'a amené, avant-hier, dans le petit village de Palestro au milieu des rizières. Je me suis arrêté dans un gîte tenu par Ambra et son mari, Paolo. Ils ont quitté Turin à la recherche d'une meilleure qualité de vie. Chaque jour, ils accueillent de nouveaux pèlerins. J'ai été sensible à leur hospitalité et leur gentillesse. Est-ce parce qu'Ambra est enceinte de trois mois ? J'ai eu le sentiment qu'il y avait quelque chose de simple, de fort et de lumineux qui les unissait. Je suis reparti avec la joie d'avoir rencontré un jeune couple heureux.

Depuis plusieurs jours, mon chemin était traversé par des serpents qui fuyaient devant la vibration de mes pas avec une rapidité telle que je n'avais pas le temps d'avoir peur. Maintenant, ce sont des petits lapins à queue blanche que je vois sauter allègrement dans les hautes herbes. Il y a aussi des ibis et de très élégants hérons qui s'envolent surpris par ma présence solitaire parmi les canaux d'irrigation.

Hier soir, à la télévision, j'ai vu que le « Brexit » était passé. Les analystes semblaient déboussolés et sans repères. Il ne manquerait plus que Donald

Trump accède à la Maison-Blanche. Je me sens bien loin de cette effervescence politique qui m'inquiète tout de même.

Ce matin, messe à Mortara, mais je me suis senti attristé, un peu plus tard, en passant à côté de deux jeunes prostituées africaines dans l'attente de clients le long de la via Francigena. Je pourrais être beaucoup plus triste car j'ai lu un article révélant que plus de dix mille enfants non accompagnés ont disparu en Europe ces deux dernières années, dont la moitié en Italie selon l'agence Europol. Un grand nombre d'entre eux seraient exploités par le crime organisé[1].

En fin d'après-midi, je suis arrivé à Gropello Cairoli après sept heures de marche. La salle principale de l'hôtel Italia était remplie d'une dizaine de jeunes Africains. Ils avaient tous le regard fixé sur l'écran de leur téléphone portable. Le patron m'a accueilli en me tendant un verre d'eau fraîche. Puis il m'a dit qu'il ne pouvait malheureusement pas me recevoir car il devait s'occuper en priorité d'une quarantaine de migrants dont certains étaient chez lui depuis plus d'un mois en attente de la régularisation de leurs papiers. Je lui ai demandé si je pouvais rester dîner, malgré tout : « Non, car je prépare le repas de Ramadan pour

---

1. Dépêche publiée sur le site RTS.ch (31 janvier 2016).

la rupture du jeûne à 21 h 30... » Il m'a serré chaleureusement la main et m'a souhaité une bonne suite de chemin en m'indiquant que son voisin fromager faisait aussi « chambre d'hôte ». Après une nuit réparatrice chez cet affineur de gorgonzola, j'arriverai normalement demain à Pavie.

Recevez, très Saint-Père, cher pape François, mes fraternelles prières.

Emmanuel

Lettre de Jean Revillard, photographe

Jean Revillard est une des grandes voix de la photographie documentaire suisse. Ses rapports prophétiques avec l'immigration illégale lui ont valu deux «World Press Photo Awards». Il traite de la question des réfugiés au sens le plus large: malades des radiations, prostituées dans la forêt, réfugiés du tsunami. Le photographe suit souvent pendant longtemps des hommes et des femmes poussés au bord de la civilisation. Dans des forêts, des grottes ou des habitations de fortune, il documente leur existence précaire dans un style qui rappelle les conditions primitives.

Genève, le 23 mars 2017

Très cher Saint-Père,

Emmanuel les a vues, au bord de son chemin… Il a vu de simples créatures dénudées, échouées au bord des routes d'Italie prêtes à être achetées pour 30 euros. Les « lucioles » comme on les appelle. Pour la plupart, elles sont forcées à vendre leur corps pour rembourser une hypothétique dette de voyage. En hiver, à la tombée de la nuit, elles allument des feux au bord des routes pour se réchauffer le derrière. L'effet est surréaliste. Il relève de la métaphore : dans la nuit, il n'y a que les fesses qui ne gèlent pas. On les signale et on les garde au chaud pour le client. Le corps de la fille cultive son hypothermie et endort les élans de révolte qu'il pourrait nourrir.

J'ai fréquenté l'une d'elles, Sarah. Je l'ai rencontrée au bord d'une route près du Turin. Je suis venu la photographier pendant presque deux ans. Puis un jour, elle m'a demandé de l'évader. Sa mère maquerelle lui avait demandé d'acheter de la nourriture pour son bébé. Grave erreur. Ces filles sont contraintes psychologiquement, dans la plus pure tradition du syndrome de Stockholm qui consiste à rester le plus longtemps possible dans l'admiration de son ravisseur. Une des règles absolues veut que le kidnappeur ne doit jamais maltraiter ses victimes.

La maquerelle avait commis une erreur : le simple fait que la « Mama » n'achète pas elle-même de la nourriture pour son propre enfant en faisait, aux yeux de Sarah, une mauvaise mère. Par cet acte, la maquerelle a détruit un vaste édifice de contraintes psychologiques savamment composées. Ce n'était pas une bonne mère. Deux mois plus tard, nous évadions Sarah en Grèce.

Dans le long processus de la migration qui va de l'Afrique à l'Europe, Saint-Père, vous le savez, il y a plusieurs sortes de voyages. Dans la clandestinité, on peut se contenter d'une traversée dans un simple Zodiac. Ou se « payer » un passage plus confortable avec des faux papiers. Dans les embarcations qui traversent la Méditerranée, on voit une majorité d'hommes ; quand il y a des femmes, elles sont mères et voyagent en famille. Ce sont souvent des réfugiés provenant de zones de guerre.

Dans le circuit complexe de l'immigration clandestine, les femmes voyagent souvent avec de faux papiers. Elles ne demandent pas l'asile, ne fréquentent pas les centres de réfugiés. Elles disparaissent dans la foule, cherchent du travail, et sont vite transformées en travailleuses clandestines. Au bout du chemin, elles sont femmes de ménage, gardiennes d'enfants, petites mains d'artisan ou d'agriculteur. Souvent seules, sans papiers, leur situation est très fragile. Ces femmes ont des dettes. Il faut rembourser le voyage. C'est le cas de ces filles africaines arrivées en Italie : on leur demande de rembourser le prix exorbitant de 50 000 euros alors que le voyage n'a coûté en réalité que 3 000 euros.

Mais au-delà du côté vénal de l'affaire, il y a d'autres raisons : pourquoi ces filles sont-elles là ? À quoi servent-elles en réalité ? Elles sont la résultante d'un processus financier complexe.

Vous le savez certainement, l'Afrique est mal reliée au processus bancaire international. Les cartes de crédit ne sont pas démocratisées. Pourtant, il existe dans certains pays une classe moyenne en pleine expansion. C'est elle qui consomme et surfe sur Internet en rêvant d'électronique et de hautes technologies. Lorsque ces gens veulent faire une transaction à l'étranger, ils ne peuvent pas payer directement la marchandise. Ils font souvent appel à un tiers à l'étranger. Interviennent alors dans ce processus les petites échoppes de transfert d'argent, les transferts de « cash » officiels étant beaucoup trop chers. Dans la réalité, pour les mêmes raisons d'accès bancaire, l'argent ne sort pas d'Afrique. Il est compensé par le revenu de petits vendeurs de drogue et de prostituées notamment en Italie. L'apport des salaires versés par des travailleurs immigrés sert aussi à régler les transactions quand la drogue arrive en Europe. C'est un immense système de compensation financière qui doit générer un apport de « cash » quotidien parce que les transactions sont bloquées pour les particuliers entre l'Afrique et les pays d'Occident.

Au bord de la route, on croit que ces filles sont les victimes de la misère africaine. Comme lors de la révolution industrielle ou de la croissance des États-Unis d'Amérique dans les années 1920, elles sont aussi des victimes du développement positif de l'économie de leurs pays. C'est le paradoxe de cette histoire.

Très Saint-Père, vous êtes aussi un homme d'État et un banquier. En tant que banquier de la banque du Vatican, vous possédez potentiellement un réseau de succursales énorme. Chaque église pourrait se transformer en banque. Oui, je sais, une église est un lieu saint. Mais la sainteté est respectée quand la générosité l'accompagne. Elles redeviendraient aussi des lieux de soutien au contact d'une population souvent défavorisée.

Un migrant qui transfère son argent à sa famille restée sur place laisse entre 5 % et 15 % de la transaction en commissions bancaires. Au regard de toutes les transactions, ces frais de commissions représentent une somme énorme retenue en Occident. Elle doit représenter quelques milliards.

On sait que l'apport de l'argent des immigrés en Afrique dépasse les montants de l'aide internationale. Dès lors, pourquoi la banque du Vatican n'aiderait-elle pas ces gens à transférer leur argent sans les « racketter » ? On augmenterait directement de 5 % à 15 % le revenu de certaines familles, et l'on stopperait la mafia des échoppes de transfert international et tout leur système de compensation encourageant la traite des êtres humains.

En tant que chef d'État, vous pouvez influencer les instances financières internationales pour que les populations d'Afrique et certains pays d'Asie puissent accéder au système financier international.

En côtoyant Sarah, j'ai compris. La prostitution africaine n'est pas qu'une affaire de petites « Mamas » qui se feraient de l'argent sur le dos de quelques filles pour assurer leurs revenus personnels. On croit souvent que c'est un réseau horizontal sans grande influence sur la criminalité internationale. C'est faux. Derrière ces filles dénudées au bord des routes, il y a bien une mafia pyramidale dont l'un des « business » est, entre autres, le transfert international d'argent.

Je vous remercie de l'attention particulière que vous porterez à ma proposition.

Recevez, très cher Saint-Père, mes respectueuses salutations.

Jean Revillard

Sarah, par Jean Revillard

Septième lettre

« *O^N a fait mémoire du centenaire du Metz Yeghérn, le "Grand Mal", qui a frappé votre peuple et a causé la mort d'une multitude considérable de personnes. Cette tragédie, ce génocide, a inauguré malheureusement la triste liste des effroyables catastrophes du siècle dernier, rendues possibles par d'aberrantes motivations raciales, idéologiques ou religieuses, qui ont enténébré l'esprit des bourreaux au point qu'ils se sont fixé le dessein d'anéantir des peuples entiers. Il est bien triste que – dans ce cas comme dans des deux autres – les grandes puissances regardaient ailleurs.* »

Pape François[1]

---

1. Pape FRANÇOIS, Discours prononcé devant le président arménien Serge Sarkissian et le corps diplomatique au palais présidentiel d'Erevan (24 juin 2016).

Fidenza, le 1ᵉʳ juillet

Très Saint-Père, cher pape François,

Après vingt jours de marche, ma route commence à en croiser d'autres et je réalise que chaque rencontre sur ce chemin interroge mon propre parcours.

À Orio Litta, j'ai rencontré Joyce, une Hollandaise de soixante et un ans, partie il y a dix semaines de Rotterdam. Cette petite femme frêle aux cheveux blancs avance sans carte sauf pour traverser les Alpes où elle s'est retrouvée seule dans la neige et le brouillard. Elle a mis dix heures pour franchir un col parallèle à celui du Grand-Saint-Bernard. Elle s'est séparée de son mari. Ses trois enfants l'ont accompagnée sur la première étape. Elle avance simplement en suivant son instinct. Autour d'un grand plat de spaghettis sauce tomate, elle m'explique que si nous nous laissons arrêter par nos peurs, nous ne faisons plus rien. Depuis des années, elle a le désir d'aller à Rome à pied. Avec son regard bleu et déterminé, elle me dit : « C'est maintenant… ou jamais ! »

À la paroisse de Fiorenzuola, je rencontre Davide, un Italien âgé de vingt-quatre ans qui a commencé sa première étape aujourd'hui. Il m'explique qu'il a été à Compostelle, l'année dernière, en dépensant 5 euros par jour et en se nourrissant seulement de flageolets pendant un mois. Une expérience fondatrice pour lui. Son père spirituel lui a demandé de faire, cette fois-ci, la via Francigena sans dépenser d'argent et en comptant uniquement sur la Providence. Un acte de foi.

Je suis sensible, en visitant les églises, à la représentation de la souffrance de Jésus. À Bose, par exemple, c'est un très grand Christ sculpté et peint dans un style naïf. Il ouvre grand les bras comme pour nous accueillir, pour nous rassembler. Il sourit. Dans l'impressionnante forteresse de Bard, le Christ en bois ressemble à un personnage de Giacometti. Son grand corps allongé est comme décollé de la Croix. Il est irrésistiblement attiré au ciel par une force qui lui donne une forme arc-boutée, les mains et les pieds restant cloués au bois. Il me semble à la fois aimanté par le Père et souffrant encore parmi les humains. La notice m'apprend qu'il a été sculpté dans les années 1960 par l'artiste italien Mario Stuffer.

Je pense que le mot «génocide» que vous avez eu le courage de prononcer lors de votre voyage en Arménie va être repris dans tous les médias. Et pourtant, l'usage de ce mot terrible va contribuer à guérir les blessures. Merci de ce mot de vérité.

Recevez, très Saint-Père, cher pape François, mes fraternelles prières.

Emmanuel

Lettre d'Annette Becker, historienne

Professeur à l'Université Paris-Nanterre, Annette Becker est spécialisée dans l'étude des deux Guerres mondiales, de leurs représentations culturelles et religieuses. Elle a développé l'étude du trauma et des enjeux mémoriels en s'intéressant particulièrement aux crimes contre les civils et aux génocides, d'une guerre mondiale à l'autre. Elle a publié de nombreux ouvrages dont *Messagers du désastre. Raphaël Lemkin, Jan Karski et les génocides*[1].

---
1. Fayard, Paris, 2018.

Lille, 11 février 2018

Très cher pape François,

Vous avez prononcé le mot « génocide » le 24 juin 2016 à Erevan à propos des Arméniens exterminés pendant la Première Guerre mondiale et j'ai pensé à la gratitude immense que vous auriez suscitée chez Raphael Lemkin qui avait lutté toute sa vie pour que le crime d'extermination d'un peuple trouve enfin un nom, ce nom. En historienne, puis-je me permettre de vous conter son histoire ?

Si le terme « génocide » apparaît sous sa plume en 1943 après qu'il a trouvé refuge, non sans mal, aux États-Unis, Lemkin en fait remonter l'origine à sa fuite à travers la Pologne en 1939-1940. Dans ses papiers personnels, on trouve une profession de foi où il dit en termes quasi mystiques sa croyance dans l'avènement d'une loi pour l'humanité, contre l'inhumanité : « Dans la forêt, j'ai déclaré aux morts et aux vivants que si je survivais je vouerais exclusivement le reste de ma vie à la mise hors la loi du génocide. J'ai revu toute mon histoire à travers ma mémoire. Je crois que la mémoire stimule la conscience. Regardant les étoiles, je me disais que le même soleil avait brillé sur les huguenots avant la nuit de la Saint-Barthélémy, sur les catholiques au Japon au XVIIᵉ siècle, et brille sur Varsovie où des voisins frontaliers sont venus pour tuer mon peuple. Même humanité, mais pourtant pas de reconnaissance. […] Parler le langage de l'amour, […] faire œuvre constructive pendant que les bombes détruisent les forêts, où les arbres en train de mourir pleurent par-dessus les gémissements de l'homme[1]. »

Pour Raphaël Lemkin, l'histoire fournissait bien des exemples de destructions de groupes nationaux, ethniques et religieux, mais il pensait aussi que le génocide était « un crime moderne », et il réduisait son champ d'application au XXe *siècle, à commencer par le génocide des Hereros et des Namas par les Allemands dans l'actuelle Namibie en 1904, et aux trois autres génocides qui se sont déroulés pendant sa vie d'adulte, celui des Arméniens, celui des Juifs, celui des Tsiganes. Dès 1933, le juriste avait conceptualisé un double crime, le « crime de barbarie » et le « crime de vandalisme » pour expliciter ces projets de terreur exterminatrice, et il pensait alors aux Arméniens assassinés par les Turcs et aux Juifs victimes de pogroms en Russie et dans tous les pays voisins à l'est de l'Europe. Entre 1941 et 1943, il chercha un mot qui rassemblerait les deux crimes d'assassinat intentionnel d'un groupe humain et de sa culture et il arriva à ce barbarisme – bizarre association de latin et de grec – pour dire le crime des crimes.*

---

1. New York Public Library, *Lemkin Papers*, microfilm, sans date, probablement 1943-1944.

Jusqu'à sa mort, Raphaël Lemkin lutta pour une loi universelle et ce fut en 1948, à l'ONU, la Convention pour la prévention et la punition du crime de génocide. Lui-même, Juif et victime de l'extermination de toute sa famille dans la Shoah, avait compris que seule une loi universelle pouvait défendre les peuples singuliers contre le projet particulier d'extermination. C'était un être humain passionné par la recherche de la vérité. J'ai pensé que vous aimeriez son histoire, une histoire de foi en la lutte pour l'humanité la plus malmenée. Hélas, depuis sa mort, Cambodgiens, Bosniaques et Tutsi du Rwanda ont connu la même catastrophe, née du racisme, de la haine, du rejet absolu.

Recevez, très cher pape François, mes vœux les plus chaleureux.

Annette Becker

Huitième lettre

« *L*E *grand silence de la visite à Auschwitz-Birkenau a été plus éloquent que toutes les paroles. Dans ce silence, j'ai écouté, j'ai senti la présence de toutes les âmes qui sont passées par là. J'ai senti la compassion, la miséricorde de Dieu, que certaines âmes saintes ont su apporter également dans cet abîme. Dans ce grand silence, j'ai prié pour toutes les victimes de la violence et de la guerre. Et là, dans ce lieu, j'ai compris plus que jamais la valeur de la mémoire, non seulement comme souvenir d'événements passés, mais comme avertissement et responsabilité pour aujourd'hui et l'avenir, pour que la semence de la haine et de la violence ne s'enracine pas dans les sillons de l'histoire.* »

Pape François[1]

---

1. Pape FRANÇOIS, Message à l'audience générale du Vatican (3 août 2016).

Berceto, le 3 juillet

Très Saint-Père, cher pape François,

Aujourd'hui, Elie Wiesel nous a quittés. C'était quelqu'un que j'aimais. Il y a vingt ans, j'ai eu la chance de pouvoir participer à ses séminaires deux années de suite à l'Université de Boston. Il répétait que «c'est dans la plus grande fragilité que l'être humain révèle sa force.» Lorsque la chaleur de l'été arrivait, il retroussait les manches de ses chemises, laissant apparaître en classe le tatouage qu'il portait sur l'avant-bras, terrible souvenir d'un temps où des hommes et des femmes ont été réduits à des numéros gravés à même leur peau.

Je me souviens… Chaque fois que l'un de nous éternuait, le Prix Nobel de la paix 1986 avait pour habitude de s'arrêter, de regarder la personne et de lui dire tranquillement: «*Bless you!*»

Il avait aussi déclaré un jour: «Lorsqu'on écoute un témoignage, on devient témoin à son tour.» Et dans une remarquable allocution à Genève, il avait rappelé qu'«une minute avant de mourir, l'être humain est encore immortel»[1]. Je dédie mon étape à la mémoire de cet exceptionnel

---

1. Elie WIESEL, Dies academicus de l'Université de Genève (14 octobre 2010).

pédagogue qui reste un exemple pour notre humanité.

La via Francigena est à l'image de la vie : il y a des petits signes qui encouragent à avancer. Lorsque je marche sur le bord d'une route, souvent des conducteurs me font un signe en levant le pouce en l'air avec un léger coup de klaxon. Ce n'est pas grand-chose, mais cela me fait chaud au cœur. Il y a deux jours, peu après l'abbaye de Chiaravalle, je me suis arrêté devant une magnifique coupe de figues chauffées par les rayons du soleil. Elle avait été disposée au bord du chemin par quelqu'un qui souhaitait encourager les pèlerins en partageant les fruits de son jardin.

Je suis frappé de voir toutes les images pieuses consacrées à Padre Pio. J'en ai même vu une à l'intérieur d'une pizzeria nommée « Il diavolo ». Cela m'a rappelé un trajet à Capri dans un bus bondé de touristes sur une route beaucoup trop étroite. Le bus frôlait le vide et je craignais le pire mais une image du saint collé au pare-brise m'avait soudainement totalement rassuré.

La végétation sur le parcours commence à changer. Il y a enfin des papillons et les rizières ont disparu. À l'approche de la Toscane, les arbres deviennent plus méridionaux. J'ai observé un couple de lièvres qui a détalé dans un champ de blé avec de grands bonds en avant. Demain, je franchirai les Apennins au col de Cise.

Recevez, très Saint-Père, cher pape François, mes fraternelles prières.

Emmanuel

Lettre de Haïm Korsia, grand-rabbin de France

Haïm Korsia est ancien rabbin de Reims, ancien aumônier en chef du culte israélite de l'armée de l'Air puis des armées, aumônier de l'École polytechnique, administrateur du Souvenir français et ancien membre du Comité consultatif national d'éthique. En 2014, il est élu grand-rabbin de France. Il est membre de l'Institut.

Paris, le 1ᵉʳ février 2018

Très Saint-Père,

Le 3 juillet 2016, jour du décès du regretté Elie Wiesel, le journaliste Emmanuel Tagnard vous a adressé un courrier sur le chemin qui le menait à Rome, pour saluer la mémoire de ce grand Juif, penseur, pédagogue et grand témoin, celui-là même qui a dit à Stockholm, lors de la remise du prix Nobel de la paix qui lui était décerné : « J'ai juré de ne jamais me taire quand des êtres humains endurent la souffrance et l'humiliation, où que ce soit. »

Ce même journaliste me fait l'honneur aujourd'hui de me demander de vous adresser moi aussi une lettre en résonance avec son message et je ne puis m'empêcher de penser qu'il n'était sans doute pas de destinataire plus judicieux pour rendre hommage au combat pour la paix, la dignité et la fraternité qu'a mené ce rescapé des camps de la mort, qui, tout le reste de sa vie, a consacré son énergie à la défense des droits de l'homme et à ce que vous avez appelé « la valeur de la mémoire ».

Vous avez maintes fois souligné et manifesté votre engagement farouche contre l'indifférence, contre les « que m'importe », le « suis-je le gardien de mon frère ? » de Caïn. Et Elie Wiesel a écrit : « Le contraire de l'amour n'est pas la haine, mais l'indifférence. »

Avec Nostra Ætate[1], *l'Église a réaffirmé les liens étroits de parenté qui unissent catholiques et Juifs et cette reconnaissance nous a remplis de joie. Je souhaite vivement que cette fraternité heureusement retrouvée nous permette de continuer d'être des vigiles de la paix, d'œuvrer de concert pour l'expression d'une véritable fraternité universelle, de façon que chacun se sente concerné par son prochain, que chacun puisse se dire que le monde a été créé à son intention.*

Nous savons que cette lutte est une lutte pour l'Homme, pour l'accomplissement du projet divin pour sa créature. Nous savons aussi que c'est la condition de la paix, pour éviter que la haine et la violence ne reviennent fracasser la Vie, comme elles ont fracassé l'existence d'Elie Wiesel et de tant d'autres.

C'est ce message de vigilance, de paix et de vie que, je crois, son œuvre et son action nous adressent. C'est un message d'espérance que pour ma part je souhaite partager avec vous comme nous le fîmes lors de notre rencontre dont je garde le plus beau souvenir de fraternité et de confiance en Dieu et en l'Homme.

---

1. *Nostra Ætate* («À notre époque») est la déclaration du concile Vatican II sur les relations de l'Église avec les religions non chrétiennes. Approuvée par 2 221 voix contre 88, elle est promulguée par le pape Paul VI le 28 octobre 1965.

TRÈS SAINT-PÈRE

Je vous prie de croire, très Saint-Père, en l'expression de mon profond respect.

Haïm Korsia
Grand-rabbin de France
Membre de l'Institut

Neuvième lettre

« *L*A *Miséricorde de Dieu est très concrète et nous sommes tous appelés à en faire personnellement l'expérience. Lorsque j'avais dix-sept ans, un jour où je devais sortir avec mes amis, j'ai décidé de me recueillir d'abord dans une église. Une fois à l'intérieur, j'ai trouvé un prêtre qui m'a inspiré une confiance particulière, et j'ai senti le désir d'ouvrir mon cœur dans la confession. Cette rencontre a changé ma vie! J'ai découvert que lorsque nous ouvrons nos cœurs avec humilité et transparence, nous pouvons contempler d'une façon très concrète la miséricorde de Dieu. [...] Nous Le cherchons, mais Il nous précède toujours. Il nous cherche depuis toujours et Il nous trouve en premier.* »

Pape François[1]

---

1. Pape FRANÇOIS, Message pour la 31ᵉ Journée mondiale de la jeunesse à Cracovie (26-31 juillet 2016).

Massa, le 7 juillet

Très Saint-Père, cher pape François,

Il y a deux nuits, j'ai dormi à Pontremoli dans l'ancien couvent des capucins qui sert à présent de gîte. À l'entrée, je me suis retrouvé face à une statue en bronze de Padre Pio accueillant les pèlerins. L'église du couvent possède des reliques du saint homme. Avant mon départ, le lendemain, j'ai prié à côté de la bure du capucin, d'une de ses mitaines et d'une mèche de ses cheveux. J'étais heureux d'avoir la chance de contempler ses reliques sur mon chemin. Je crois à la communion des saints et à leur force d'intercession : j'ai prié pour le rétablissement de ma mère.

Une fois arrivé à Sarzana, j'ai souhaité me rendre au bord de la mer. L'accueil monastique était situé huit kilomètres plus loin. Malgré la très forte chaleur, j'ai continué mon chemin pour me rendre au monastère Santa Croce à Bocca di Magra. Il est tenu par des frères carmes et des sœurs togolaises de la Miséricorde. Lorsque j'ai fait remarquer à la sœur portière qu'il s'agissait donc de « son » année, elle est partie d'un grand éclat de rire généreux et chaleureux dont les Africains ont le secret. Du haut de la terrasse panoramique, entre ciel et terre, j'ai assisté à un magnifique coucher de soleil sur la Méditerranée.

Aujourd'hui, le parcours m'a conduit à Massa. J'ai fait halte dans la communauté des six frères capucins. Il y avait une belle statue en marbre d'un moine à l'entrée. Le père portier m'a expliqué qu'il s'agissait de celle de Padre Damiano, surnommé le Padre Pio du Brésil car il passait aussi beaucoup de temps à confesser celles et ceux qui venaient à lui.

Je me sens bien sur cette via Francigena, avançant de monastères en lieux de prière. Ce sentiment s'ancre-t-il dans le souvenir de mon arrière-grand-père paternel qui fut trappiste pendant la seconde partie de sa vie? Il avait pris le nom de « frère François ».

Je suis à la moitié du parcours italien. À la fin du mois, si tout va bien, j'arriverai à Rome.

Recevez, très Saint-Père, cher pape François, mes fraternelles prières.

Emmanuel

Lettre de Philippe Pozzo di Borgo, inspirateur du film *Intouchables*

PHILIPPE Pozzo di Borgo est un homme d'affaires issu d'une grande famille d'aristocrates français. En 1993, il devient tétraplégique à la suite d'un accident de parapente. Son histoire, ainsi que sa relation avec son auxiliaire de vie, Abdel Yasmin Sellou d'origine algérienne, ont inspiré le film *Intouchables*[1]. Je l'ai rencontré lors d'un reportage au Maroc où il réside à Essaouira avec son épouse Khadija et leurs filles Sabah et Wijdane.

---

1. *Intouchables*, un film d'Olivier NAKACHE et Éric TOLEDANO. Réalisé en 2011, il se place deuxième au box-office français. Il est le film français le plus vu à l'étranger.

Essaouira – Maroc, le 14 mars 2017

Saint-Père François,

Après quarante-deux ans d'une vie dans le mouvement et le bruit, un accident de montagne m'a cloué dans mon lit depuis vingt-cinq ans. Mon cœur était trop blessé, mon esprit trop aveuglé pour parvenir à concevoir clairement la signification de ce pèlerinage immobile sur la terre que j'étais appelé à vivre. C'est cet accident qui m'a enfin donné le pouvoir d'implorer la miséricorde et qui est à l'origine de cette lettre.

Dans le silence et l'immobilité, j'ai voyagé dans mon plafond d'où me parvenait la miséricorde des cieux. Saint-Père, vous étiez à mes côtés. J'y ai trouvé aussi mon oncle François, missionnaire au Vietnam, qui fut supplicié, enterré vivant; je l'imaginais agonisant, pardonnant à ses bourreaux, priant peut-être même pour leur conversion… Ce plafond était devenu la voûte lumineuse qui relie les absents et les encore vivants à l'éternité.

Dans le silence et l'immobilité, j'ai retrouvé les fondements de mon humanité. La fragilité qui exige la modération, la finitude qui revisite les priorités, la dépendance dans la simplicité, l'intégrité dans l'exigence, l'unicité qui fonde le sacré, le sens du bien et du mal qui oblige, une conscience enfin ressourcée.

Dans le silence et l'immobilité, j'occupe, maintenant avec joie, la pesanteur de l'instant et de l'espace présents; je suis enfin prêt à la rencontre avec l'Autre, « en vérité ». Je suis désarmé. L'Autre est désarmé. La relation peut exister, résonance partagée de nos souffrances. L'Autre est là, debout, penché sur mon lit et nous formons la croix de l'humanité : Souffrances, Miséricorde, Béatitudes.

Dans le silence et l'immobilité, j'expérimente l'attention à l'Autre, différent et fragile. Je considère avec bienveillance, déférence, indulgence son chemin de dignité qu'il exprime parfois au-delà des mots, dans une prière silencieuse et qui exige ma responsabilité. Quelle source d'entendement, d'enchantement, d'intelligences et de richesses à l'image de la beauté de la création.

Saint-Père François, votre simplicité et votre courage m'inspirent.

Dans le dernier film Silence[1] *de Martin Scorsese, ce silence est, à l'origine et à la fin, Miséricorde. Mon silence intérieur et la confession qu'implicitement je vous adresse sont des demandes de Miséricorde. Il m'apparaît, m'adressant à vous, que cette confession est une conversion, une guérison, une source qui ouvre à la présence de l'Autre, des autres, à un dépassement de moi-même nécessaire et consenti.*

---

1. *Silence*, un film de Martin SCORSESE. Réalisé en 2016, il retrace le destin cruel et complexe de deux prêtres jésuites en butte à la persécution des chrétiens par les Japonais au XVIIe siècle.

Saint-Père, vous m'accompagnez, nous faisons route ensemble.

Entre compagnons de vie, entre pèlerins de la vérité, on peut s'aider à avancer, à éclairer la route l'un avec l'autre, à trouver des solutions qui pourraient rendre ce monde meilleur et joyeux.

La Miséricorde, c'est le mode de respiration de Dieu, qui doit déterminer l'action de chaque être humain créé selon « Sa ressemblance ».

Merci, Saint-Père François, de nous le rappeler sans cesse.

Philippe Pozzo di Borgo

Dixième lettre

« *Nous avons tous un ange toujours à nos côtés, qui ne nous laisse jamais seuls et nous aide à ne pas nous tromper de route. [...] Nous tous, selon la tradition de l'Église, nous avons un ange avec nous, qui nous protège, nous fait sentir les choses. [...] Combien de fois avons-nous entendu: "Mais, là... tu devrais faire comme ça... cela ne va pas... fais attention!" C'est justement "la voix de notre compagnon de voyage". Et nous pouvons être sûrs qu'il nous accompagnera jusqu'à la fin de notre vie avec ses conseils. Personne ne marche seul et aucun d'entre nous ne peut penser qu'il est seul: ce compagnon est toujours là.* »

Pape François[1]

---

1. Pape François, Méditation matinale en la chapelle de la résidence Sainte-Marthe, « Nous avons tous un ange » paru dans *L'Osservatore Romano* (16 octobre 2014).

Lucques, le 10 juillet

Très Saint-Père, cher pape François,

J'aime particulièrement la scène finale du film *Nostalghia* de Tarkovski[1] que je revois dans ma tête en marchant. Un homme et un chien sont assis au bord d'un petit étang. Un très long travelling arrière nous fait découvrir que cette scène se situe à l'intérieur des murs d'une immense église à ciel ouvert. Au regard de Dieu, c'est comme si la dimension humaine était toujours ouverte sur une verticalité infinie.

Il y a deux jours, en traversant la ville de Camaiore, j'ai rencontré un jeune Nigérian qui voulait me vendre des pinces à linge dont je n'avais pas besoin. Il m'a expliqué qu'il avait quitté le pays des enfants-soldats, il y a deux ans, pour venir en Italie. Il attend la régularisation de ses papiers. Il est découragé de ne pas trouver de travail. Il s'appelle Frankie. Je lui ai dit que je prierai pour lui en marchant vers Rome.

Le refuge paroissial de l'étape de Pietrasanta est tenu par de jeunes sœurs indonésiennes. J'ai pu obtenir le dernier des six lits. Je remarque qu'il y a davantage de pèlerins sur la partie toscane.

---

1. *Nostalghia* (en russe : *Ностальгия*), sorti en 1983, est le sixième et avant-dernier film d'Andreï TARKOVSKI (1932-1986).

En visitant la ville, je suis entré dans la vieille église de la Miséricorde qui abrite deux magnifiques fresques de Fernando Botero. La première représente le paradis : sous la protection d'un ange souriant et joufflu, on y voit Mère Teresa aux pieds d'une Vierge aux formes généreuses et entourée d'angelots dodus qui tiennent le drapeau du Mexique. La seconde illustre l'enfer : la tête d'Adolf Hitler surgit d'une tombe ouverte au milieu d'une mise en scène grimaçante rappelant les représentations macabres et festives du folklore mexicain. Je reste admiratif devant la force de ce contraste provocant. L'art et la foi entretiennent des rapports secrets, mystérieux, indicibles et indispensables.

Un peu plus tard, en entrant dans l'église San Martino de Pietrasanta, j'ai vu à côté de l'autel un grand carton contenant des sachets de pâtes et des boîtes de conserve. Une pancarte invitait les personnes qui en avaient besoin à se servir gratuitement. C'était la première fois que je voyais ce type d'action au pied du lieu où l'on célèbre la Sainte Cène. J'ai eu soudain le sentiment que le rituel du partage devenait réel, que la parole s'incarnait en acte.

Je passe la nuit chez les capucins à côté de Lucques dans un grand monastère un peu délabré qui pourrait accueillir une communauté d'une quarantaine de personnes. N'y vivent malheureusement plus que trois moines. J'ai regardé la finale de l'Euro avec l'un d'eux, originaire de Madras. Demain, je continue mon chemin en direction d'Altopascio.

Recevez, très Saint-Père, cher pape François, mes fraternelles prières.

Emmanuel

Lettre d'Arcabas,
artiste-peintre

Fils d'instituteur, Jean-Marie Pirot naît en 1926 en Lorraine. Incorporé de force dans l'armée allemande à dix-sept ans, il est témoin des « horreurs de la guerre ». Formé à l'École nationale supérieure des beaux-arts de Paris, il enseigne à l'École des beaux-arts de Grenoble. À partir de 1953, Arcabas se fait connaître à travers une œuvre monumentale réalisée en trois étapes pendant quarante ans : l'ensemble d'art sacré de l'église Saint-Hugues-de-Chartreuse qui est un joyau de l'art sacré du XXe siècle.

Saint-Pierre-de-Chartreuse, le 26 février 2018

Cher pape François,

Je souhaite vous écrire pour vous dire combien votre homélie sur les anges est belle. Cependant, j'ai un compte à régler avec les mots car je trouve qu'ils trahissent ma pensée. Ils sont toujours au-delà, ou en deçà de ce que je voudrais vraiment exprimer. Je me sens plus à l'aise avec un pinceau qu'avec un stylo.

La médiation des anges me porte depuis que je peins. C'est la peinture qui m'a mené à la foi. Le souffle de l'Ange m'a conduit à Dieu. Ce n'est pas un hasard si l'ange est présent dans toutes les grandes religions, juste là, entre le Ciel et la Terre.

Parfois, lorsque je suis devant mon chevalet, l'ange passe et je suis dans le bonheur. C'est au moment où il s'en va que je me rends compte qu'il est passé. C'est très étrange. Je ne peux pas l'expliquer. Il y a de la joie dans la toile qui est en train de se faire. C'est un cadeau qui m'arrive plein les bras. Je me sens alors plus qu'inspiré, véritablement aidé. J'ai fait le tableau d'un ange qui, avec son doigt, montre au peintre qui est à l'œuvre, là où il doit placer son pinceau: «N'oublie pas cet endroit-là. C'est important!»

Le thème de l'ange est toujours paisible. À mon sens, l'ange est un rouage obligé. Je suis vexé quand

on parle mal des anges. On ne leur fait pas suffisamment de place dans notre modernité. L'ange est un messager. Il délivre son message puis disparaît une fois sa mission accomplie. Mais il n'est jamais loin.

Un jour, en changeant la barrière de mon jardin, j'ai récupéré une grande planche allongée que je pouvais utiliser pour en faire une peinture. Elle exigeait un personnage debout en position de confrontation. L'idée m'est alors venue de peindre l'archange saint Michel avec, à ses pieds, un serpent à la tête tranchée : le mal terrassé de toute éternité. Je lui ai trouvé un bout de mur en haut de l'escalier. Il est devenu le gardien de mon atelier.

Il y a beaucoup d'anges peints dans ma maison. Je vis volontiers avec l'idée qu'ils m'aident. Il suffit que je me retourne vers l'un d'eux pour retrouver le chemin désiré. Parfois, il me corrige comme un personnage existant réellement. Parfois, je me dis : « Tiens, je vais donner un visage à celui-là... » C'est toujours plaisant parce qu'alors je deviens « créateur » mais par rapport à la Création, quelle petite chose je suis...

Pour un artiste, la première vertu est l'humilité car l'acte de création ne fait que passer à travers lui. En vérité, je suis comme le facteur qui porte les lettres sans savoir ce qu'il y a dedans.

Votre homélie m'a touché. Vous êtes, très Saint-Père, certainement plus proche des anges que moi. Les anges habitent mon atelier en permanence mais cela ne suffit pas. Vous, je crois que vous leur parlez « en direct ». C'est une grande chance pour notre chrétienté que vous soyez à Rome. Vous êtes un homme courageux. Vous n'êtes pas seul. Nous sommes avec vous, fidèles au poste.

En amour,

Arcabas

Onzième lettre

« *Je vois avec clarté que la chose dont a le plus besoin l'Église aujourd'hui c'est la capacité de soigner les blessures et de réchauffer le cœur des fidèles, la proximité, la convivialité. Je vois l'Église comme un hôpital de campagne après une bataille. Il est inutile de demander à un blessé grave s'il a du cholestérol ou si son taux de sucre est trop haut! Nous devons soigner les blessures. Ensuite nous pourrons aborder le reste. Soigner les blessures, soigner les blessures... Il faut commencer par le bas.* »

Pape François[1]

---

1. Pape FRANÇOIS, Entretien avec le Père Antonio Spadaro, s.j., paru dans *L'Osservatore Romano* (26 septembre 2013).

San Miniato, le 12 juillet

Très Saint-Père, cher pape François

La via Francigena m'a conduit aujourd'hui au couvent San Francesco situé sur la colline de San Miniato. De loin, il fait penser à la carcasse d'un navire qui s'y serait échoué. De près, à un immense hôpital. Seuls, deux vieux frères franciscains y vivent encore. Et un troisième, plus jeune, de passage, qui a célébré la messe. Après le dîner, celui-ci m'a dit qu'il confiait l'avenir du monastère à la Providence. Heureusement, les frères sont secondés par une dizaine de jeunes laïcs bénévoles et dynamiques qui maintiennent la vie d'accueil de ce haut lieu spirituel du XVIIe siècle.

Ce matin, avant de reprendre le chemin, je suis entré dans l'impressionnante église accolée au monastère. Il y avait une imposante fresque de l'archange saint Michel terrassant un homme qui le regardait avec un visage grimaçant. Cet homme portait des cornes, de petites ailes brunes dans le dos et une queue de reptile.

Cette représentation m'a fait penser à un documentaire sur les indiens Shipibo que j'ai visionné dernièrement dans mon cadre professionnel. Un chaman y réaffirmait que l'être humain était à la fois animal et religieux[1]. J'ai trouvé cette formule surprenante et juste. Il existe en nous une animalité qu'il nous faut dompter comme saint Michel maîtrisant le démon. Mais l'aspiration à la transcendance et à la relation au divin est une dimension qui cherche son impossible point d'équilibre comme une chorégraphie inachevée.

Sous le soleil toscan, la marche est difficile. À travers l'effort, la persévérance et le respect des limites du corps, ce pèlerinage vers Rome inscrit mes pas à la fois dans le temps et hors du temps.

Au monastère, j'ai dîné hier avec une famille formée d'un grand-père, de sa fille et de son petit-fils. Après avoir été à Compostelle l'année dernière à vélo, ils atteindront Rome, samedi, sur leurs deux-roues. Il me faudra un peu plus de temps pour arriver à destination sur mes deux pieds!

Recevez, très Saint-Père, cher pape François, mes fraternelles prières.

Emmanuel

---

1. « D'autres mondes », documentaire du réalisateur Jan KOUNEN (2004).

Lettre de Lotti Latrous, fondatrice des centres « Espoir » d'Ajdouffou et de Grand-Bassam en Côte d'Ivoire

Épouse d'un directeur de Nestlé, Lotti Latrous a savouré pendant quelques années la vie luxueuse des expatriés. En 1994, sa vie bascule : installée avec sa famille en Côte d'Ivoire, elle découvre la misère des bidonvilles d'Abidjan. Plutôt que de taire sa révolte, elle fonde en 1999 son propre dispensaire pour venir en aide aux victimes du sida. Un an plus tard, son mari est muté au Caire. En accord avec sa famille, elle choisit de rester à Abidjan. Depuis, son engagement auprès des malades et son combat pour leur dignité n'ont pas changé[1].

---

1. http://www.lottilatrous.ch.

Grand-Bassam – Côte d'Ivoire, le 24 octobre 2017

Voilà, je voudrais partager avec vous mon histoire de cœur de ce trimestre. J'étais assise avec mon médecin-chef, le Dr N'Da, à côté de mon bureau social à la fin d'une longue et difficile journée. Alors, je vois arriver vers nous une créature traversant la cour depuis le portail. Je réalise, après quelques secondes, que c'est une femme, rampant à quatre pattes.

« Oh non, pas encore un drame, je n'en peux presque plus », me disais-je.

La femme, habillée tout en noir, ses mains posées dans des petites sandalettes et ses genoux emballés de chiffons se dirigeait vers moi et s'est assise à mes pieds.

— Bonjour, Madame Lotti.

Elle connaissait donc mon nom.

— Bonjour Maman, comment t'appelles-tu ?

— Aminata

— Bonjour, Aminata. Est-ce que je peux t'aider ?

— Non, Madame Lotti, je suis venu t'aider TOI.

À peine sa phrase finie, elle ferme les yeux et commence à prier. Avec une telle intensité, elle demande, calme et lumineuse, à Dieu de continuer de me donner la force et le courage pour pouvoir poursuivre cet œuvre humanitaire. Une fois sa prière terminée, je me suis assise à côté d'elle, par terre : il fallait que je comprenne.

— Aminata, tu n'as pas la colère en toi envers LUI lorsque tu pries ?

— *Mais pourquoi aurais-je tout cela, Madame Lotti ?*

— *Parce que tu as une vie tellement misérable qui t'oblige de marcher à quatre pattes comme un chien.*

Il fallait que je sache, il fallait que je provoque, il fallait que je comprenne.

— *Il m'a donné la vie, Il me donne la possibilité tous les jours de prendre soin de mes huit enfants et de mon mari aveugle. Chaque jour quand je me lève je Le remercie pour cette grâce !*

— *Comment quand tu te lèves ? Tu ne sais même pas te tenir debout !*

— *Mais est-ce qu'il est forcément nécessaire de pouvoir se mettre debout pour avoir une vie digne ?*

— *Et comment tu vis, alors ?*

— *Tous les matins, je me roule depuis ma natte par terre sur le côté, je m'assois, je tourne ma tête de gauche à droite et de droite à gauche, et je prie. Je Le remercie de m'avoir donné la vie qu'Il juge juste pour moi. Ensuite, je vais aux marchés et devant les mosquées et je prie.*

— *Tu mendies alors.*

— *Si tu veux appeler cela comme ça. Moi, je prie afin que les gens se portent bien.*

— *Et c'est cela qui te permet de survivre ?*

— *Oui, cela me permet de nourrir ma famille. Mes enfants vont à l'école !*

Rarement j'ai vu autant de fierté dans le regard d'une femme en me disant cela.

— Aminata, tu ne veux vraiment RIEN *de moi ?*

— Non, Madame Lotti, je suis juste venu te dire merci pour tout ce que tu fais au nom de l'humanité.

— Aminata, est-ce que tu as au moins un rêve, étant donné que ta vie te paraît en ordre ?

— Oui, Madame Lotti, j'ai un rêve. Et j'arriverai à le réaliser un jour, je suis sûre : celui d'ouvrir un petit commerce à mon fils aîné.

Elle m'embrassa, me remercia et quitta notre cour à quatre pattes. Une reine n'aurait pas pu avoir plus de fierté.

« Aminata, reviens vite, on a besoin de personnes comme toi ! »

Nous sommes restés encore longtemps assis là, en larmes, après avoir reçu une si belle leçon de vie. J'ai envoyé un de mes assistants sociaux chez elle le lendemain, pour voir si tout ce qu'elle disait était vrai. Son mari aveugle souffrant d'une prostate malade n'a pas non plus une seule parole amère. Ils ont du retard dans le paiement de leur misérable loyer, mais elle ne m'aurait rien demandé, c'est NOUS *qui lui avons proposé de l'aide. Cela n'a pas offensé sa dignité. Et c'est tout simplement ça aussi, notre but, sauvegarder la dignité des êtres humains, aussi pauvres soient-ils.*

Lotti Latrous

Douzième lettre

« *E*^N *cette époque préoccupante est indispensable le dialogue interreligieux. Les différences dans la compréhension des vérités religieuses ne doivent pas empêcher les gens de fois diverses de vivre dans la paix et la concorde. Dans les circonstances actuelles, les leaders religieux ont une responsabilité particulière pour éduquer leurs fidèles dans un esprit de respect pour les convictions de ceux qui appartiennent à d'autres traditions religieuses. Les tentatives de justifications d'actions criminelles par des slogans religieux sont absolument inacceptables. Aucun crime ne peut être commis au nom de Dieu, "car Dieu n'est pas un Dieu de désordre, mais de paix" (1 Co 14, 33).* »

Pape François[1]

---

1. Pape François, Déclaration commune avec le patriarche Cyrille de Moscou et de toute la Russie à La Havane, Cuba (12 février 2016).

San Gimignano, le 14 juillet

Très Saint-Père, cher pape François,

Aller de l'avant le long des vignes de Chianti en écoutant le chant des grillons me donne des ailes pour passer d'une colline à l'autre. Le quadrillage des arpents d'oliviers ressemble à des pions disposés sur de grands jeux de dames dans le paysage vallonné. Depuis hier, le ciel s'est voilé. Les gouttes de pluie relèvent davantage l'odeur des foins fraîchement coupés.

Hier, j'ai dormi au refuge de Gambassi Terme. Il est tenu par une famille qui accueille les pèlerins pour une modique somme durant toute l'année. Avant-hier, il y avait trente pèlerins. Hier, nous étions douze à table. C'était très chaleureux. Je pense à cette famille française sur le chemin de Compostelle qui recevait chez elle tous les pèlerins en voyant en chacun d'eux la présence du Christ. J'ai le désir, moi aussi, de devenir bénévole dans un refuge une prochaine année pour transmettre à d'autres ce que j'ai reçu.

Je suis parti ce matin en direction de San Gimignano. Mon étape fut plus courte que prévu : je me suis arrêté au monastère de Cellole qui fait partie de la communauté de Bose. Je pensais m'y arrêter pour déjeuner et continuer ensuite mon chemin. Mais la beauté et la simplicité du lieu m'ont touché. J'ai demandé à frère Emiliano d'y passer la nuit.

Dans la belle et sobre église romane du XIIe siècle, j'ai remarqué qu'une goutte d'eau se faisait entendre à intervalles réguliers comme si une source cherchait à se manifester. Frère Davide m'a expliqué qu'il s'agissait de gouttes qui tombent dans le baptistère pour que l'eau qui s'y trouve ne croupisse pas et qu'elle soit toujours vivifiée par les vibrations. Comme un symbole de l'espérance.

Après le repas, le frère portier Giuseppe m'a montré un généreux figuier en pleine santé. Il y a trois ans, lorsque les quatre frères de la communauté se sont installés à Cellole, l'arbre n'avait pratiquement plus de feuilles et était sur le point de mourir. Il faisait penser au figuier contre lequel Jésus fit passer sa colère[1]. Aujourd'hui, le figuier de Cellole donne tant de fruits pour la confection des confitures que les frères l'ont surnommé « l'arbre de la résurrection ».

Demain, cap sur Monteriggioni, dernière étape avant Sienne, si tout va bien.

Je vous adresse, très Saint-Père, cher pape François, mes fraternelles prières.

Emmanuel

---

1. Marc 11, 12-14.20-21.

Lettre de Matthias Wirz,
moine et traducteur

Matthias Wirz est un frère de Bose. Après avoir été journaliste en Suisse, il entre à vingt-six ans dans la communauté monastique fondée par Enzo Bianchi. Établie en 1965 dans le nord de l'Italie, la communauté mixte de Bose réunit quatre-vingt-dix moines et moniales provenant de diverses Églises chrétiennes. Frère Matthias est le traducteur en langue française des écrits d'Enzo Bianchi. Je l'ai rencontré lors d'une retraite au monastère de Bose.

TRÈS SAINT-PÈRE

Monastère de Bose, ce 27 février 2017

Sainteté,

En chemin, lors de son périple vers Rome, Emmanuel Tagnard s'est arrêté pour un jour dans la communauté de Bose, à laquelle j'appartiens; quelques semaines plus tard, il a fait étape dans notre fraternité à Cellole. Voilà une belle occasion de le charger de cette lettre, qu'il vous fera parvenir avec son propre courrier.
Je suis heureux et honoré de vous saluer par son entremise. Je veux vous dire mon respect pour votre ministère et mon admiration pour votre engagement, en particulier dans le dialogue œcuménique et la rencontre avec les responsables des autres Églises chrétiennes. La conviction avec laquelle vous procédez m'encourage à faire confiance à ceux qui affirment que désormais «l'œcuménisme semble avoir retrouvé un nouveau souffle: le dialogue et la confrontation apparaissent s'intensifier» (Enzo Bianchi, fondateur de Bose).
En effet, dès le début de votre ministère, vous avez su susciter de fortes attentes pour une plus profonde communion entre les Églises, à travers les paroles et les gestes inspirés par l'Évangile qui ont été les vôtres: votre pèlerinage en Terre sainte avec le patriarche de Constantinople, vos rencontres

réitérées avec lui, qui ont culminé dans la visite commune à Lesbos, votre humilité et votre insistance afin de vous retrouver à Cuba avec le patriarche de Moscou, l'accueil et le dialogue avec les protestants, la joie visible que vous inspirent les échanges avec les autorités des Églises non catholiques… Voilà tant de signes d'un climat nouveau, dont le couronnement pour l'heure a été l'événement de votre participation à la commémoration de la Réforme à Lund.

Dans la lettre qu'il vous a écrite lors de son passage à Cellole, Emmanuel évoquait ces gouttes d'eau qui s'y faisaient entendre à intervalles réguliers dans l'église romane, « comme si une source cherchait à se manifester ». Elles alimentaient en réalité le baptistère, et leur lent flux permettait à l'eau qui s'y trouvait de ne pas croupir. Ne sommes-nous pas, nous aussi, appelés à vivifier constamment le souvenir de notre baptême, source de notre commune origine, pour nous inciter à en exprimer les fruits dans une unité visible qui accueille la richesse des différences et sache transcender le scandale des conflits entre disciples du même Seigneur ?

Et ce continuel gargouillement ne pourrait-il pas figurer également l'insistance de notre prière pour l'unité des chrétiens, initiée par Jésus lui-même : « Qu'ils soient un pour que le monde croie » (Jn 17, 21) ? Même nos demandes infimes, mais *continuellement répétées, peuvent conjurer la stagnation et permettre une vivification que l'élan de l'Esprit saint pourra transformer en vagues.*

C'est au cours de son pèlerinage vers Rome qu'Emmanuel vous a adressé ses lettres. De même, le mouvement œcuménique est envisagé actuellement comme un « pèlerinage de justice et de paix ». Merci à vous, cher pape François, de rappeler à toutes les Églises que, pour que le dialogue soit authentique, il s'agit de le faire « en chemin, parce que le dialogue œcuménique est un chemin » (à l'église anglicane de Rome, 26 février 2017) vers cette unité visible de tous les chrétiens, laquelle appartient à la volonté même du Christ et représente une exigence lumineuse inscrite au cœur de l'Évangile.

Avec ma profonde gratitude et mes pensées orantes.

Fr. Matthias Wirz

Treizième lettre

« *"Où est Dieu?" Où est Dieu, si dans le monde il y a le mal, s'il y a des hommes qui ont faim, qui ont soif, sans toit, des déplacés, des réfugiés? Où est Dieu, lorsque des personnes innocentes meurent à cause de la violence, du terrorisme, des guerres? Où est Dieu, lorsque des maladies impitoyables rompent des liens de vie et d'affection? Ou bien lorsque les enfants sont exploités, humiliés, et qu'eux aussi souffrent à cause de graves pathologies? Où est Dieu, face à l'inquiétude de ceux qui doutent et de ceux qui sont affligés dans l'âme? Il existe des interrogations auxquelles il n'y a pas de réponses humaines. Nous ne pouvons que regarder Jésus, et l'interroger lui. Et voici la réponse de Jésus: "Dieu est en eux", Jésus est en eux, il souffre en eux, profondément identifié à chacun. Il est si uni à eux, presque au point de former "un seul corps".* »

Pape François[1]

---

1. Pape François, Méditation au chemin de croix avec les jeunes au JMJ de Cracovie (29 juillet 2016).

Castellina Scalo, le 15 juillet

Très Saint-Père, cher pape François,

Aujourd'hui, mon parcours sur la via Francigena fut assombri par des images de violence. L'horrible film d'un camion fonçant délibérément sur une foule tournait dans ma tête. Je pensais à ces corps d'enfants traînés sur deux kilomètres avant que l'infernal engin puisse être immobilisé. Faut-il être totalement désespéré, déséquilibré, motivé par une haine profonde ou possédé par un esprit démoniaque pour perpétuer de sang-froid un tel crime.

Ce matin, les paroles du Christ résonnent dans l'église de Cellole : « Je désire la Miséricorde et non des sacrifices. » Chaque fois que j'apprends qu'il y a quelque part dans le monde un acte terroriste aveugle, je ne peux m'empêcher de penser qu'il s'agit d'un sacrifice d'innocents immolés pour satisfaire la soif de ténébreuses forces agissantes. Ces forces peuvent revêtir le masque du nazisme, des totalitarismes, des mafias, de l'ultralibéralisme, de l'occultisme ou du djihadisme. Ce sera toujours l'éternel combat contre le prince de ce monde qui change de costumes, tel Fregoli, en fonction des cultures et des circonstances.

La mort d'enfants dans un tel drame n'est-elle pas injuste ? Pourquoi la protection des anges et des archanges n'a-t-elle pas été plus efficace dans cette situation ? Pourquoi Dieu laisse-t-il faire de telles abominations ? Notre rationalité humaine n'est bien évidemment pas en mesure de pouvoir le comprendre. Comme dans son roman *La nuit*, Elie Wiesel répondrait que Dieu est aussi dans chacune de ces innocentes victimes[1].

Ce soir, après une marche de 35 kilomètres, je me retrouve dans un des dortoirs de la paroisse de Castellina Scalo à côté de Monteriggioni car la ville fortifiée organise une fête médiévale en l'honneur de la via Francigena mais, paradoxalement, elle n'a pas de place pour héberger les pèlerins contemporains. Sebastiano m'accueille à la paroisse du « Christ Roi ». Je ne suis pas le seul à y dormir : en plus des autres pèlerins, il y a huit jeunes Africains. Sebastiano me raconte qu'un des Érythréens est parti des côtes africaines sur une embarcation de deux cents personnes. À l'arrivée en Italie, ils n'étaient plus que trente survivants.

Le terrorisme comme la migration sont deux défis majeurs auxquels doit faire face l'Europe.

---

1. Elie WIESEL, *La nuit*, Éditions de Minuit, Paris, 2007.

Mes pensées vont aux victimes des deux côtés de la Méditerranée.

Je vous adresse, très Saint-Père, cher pape François, mes fraternelles prières.

Emmanuel

Lettre du professeur Jacques Besson, psychiatre

Jacques Besson est le chef du service de psychiatrie communautaire du département de psychiatrie du Centre hospitalier universitaire vaudois (CHUV). Il s'intéresse depuis plus de trente ans aux rapports entre psychanalyse et religion. Sa thèse de doctorat porte sur la correspondance épistolaire entre Sigmund Freud et le pasteur Oskar Pfister. En préparant une émission, j'ai pu l'interroger sur son approche des phénomènes d'addiction et sa conception originale qui établit des ponts entre psychiatrie et spiritualité[1].

---

1. Jacques Besson, *Addiction et spiritualité – Spiritus contra spiritum*, Érès, Toulouse, 2018.

Lausanne, le 30 octobre 2017

Très Saint-Père, cher pape François,

Sur invitation d'Emmanuel Tagnard, je vous écris une lettre en commentaire à la sienne sur la question de l'existence du mal à propos de l'attentat de Nice du 14 juillet 2016.

En tant que professeur de psychiatrie communautaire à l'Université de Lausanne en Suisse, j'ai appris à considérer la question de la psyché dans la boucle cerveau-esprit-culture. Comme médecin, j'ai de l'intérêt pour le cerveau et les neurosciences, comme psychiatre pour l'esprit entre le normal et le pathologique et comme psychothérapeute j'ai intégré l'insertion de l'esprit dans le culturel et le spirituel. Pour moi, la question du mal doit s'inscrire dans ces trois ordres.

Au niveau individuel et biologique, le terroriste de Nice a fait un passage à l'acte. La neurobiologie de son cerveau faite d'impulsivité et de projectivité l'a amené à considérer le monde occidental comme unilatéralement mauvais et coupable de tous ses maux. Sa violence fondamentale l'a empêché d'inhiber son comportement criminel et il a mis en œuvre sa vision du monde.

Ce terroriste est en effet malade au sens de la psychopathologie. On peut parler de perversion narcissique, ce qui veut dire que cet homme compense sur un mode grandiose et tout-puissant les carences d'affection et de protection qu'il a subies dans sa propre histoire d'enfant et d'adolescent. Son identité fragile et menacée est compensée par sa représentation de héros vengeur de son groupe et de sa communauté. « Mal subi égale mal commis » : c'est la dure loi de la psycho-traumatologie. Les victimes deviennent bourreaux dans une inextricable répétition de la chaîne du mal.

À mon avis, c'est au niveau culturel et spirituel qu'il faut s'interroger sur cet acte horrible. Notre Occident produit du vide existentiel alors que les humains ont besoin de sens. Nos contemporains s'accrochent à des lambeaux de sens, comme la fascination pour le fanatisme et les sectes. Dans notre civilisation matérialiste et addictive, nous sommes soumis à la distraction, c'est-à-dire écartés de l'essentiel. Pourtant la spiritualité produit du lien et du sens, et la prière de la cohérence et de la salutogenèse. Ainsi, on pourrait se représenter le fanatisme comme une religion sans spiritualité, une addiction religieuse autodestructrice et meurtrière.

À mes yeux de psychiatre neuroscientifique, il faut penser le monde comme une création inachevée. La matière se spiritualise au rythme de l'évolution. Le chemin va de l'inaccompli à l'accompli. L'espèce humaine n'a pas encore résolu comme les autres espèces animales le problème de l'agressivité intra-spécifique (le meurtre à l'intérieur de l'espèce). Si elle ne le résout pas, elle disparaîtra. Mais pour le psychiatre chrétien, chaque existence s'inscrit dans le Royaume et l'Histoire évolue vers la réconciliation dans le temps sans temps et l'espace sans espace, ce point Omega du père Teilhard de Chardin, le Christ cosmique. Ainsi, comme le dit le philosophe Bergson, la Terre est un incubateur de Dieu.

Jacques Besson, psychiatre

Quatorzième lettre

« *L'HÔTE ne doit pas simplement être servi, nourri, soigné de toutes les façons possibles. Il faut surtout qu'il soit écouté. Rappelez-vous bien de ce mot : écouter ! Car l'hôte doit être accueilli comme une personne, avec son histoire, son cœur riche de sentiments et de pensées, afin qu'il puisse se sentir vraiment en famille. [...] Certes, la réponse que Jésus donne à Marthe – quand il dit qu'une seule chose est nécessaire – trouve sa pleine signification en référence à l'écoute de la parole de Jésus, cette parole qui illumine et soutient tout ce que nous sommes et ce que nous faisons. Si nous allons prier – par exemple – devant le crucifix, et que nous parlons, parlons, parlons et puis nous nous en allons, nous n'écoutons pas Jésus ! Nous ne le laissons pas parler à notre cœur. Écouter : voilà le mot-clé. N'oubliez pas !* »

Pape François[1]

---

1. Pape FRANÇOIS, Angélus, place Saint-Pierre (17 juillet 2016).

Buonconvento, le 17 juillet

Très Saint-Père, cher pape François,

Un écran de télévision allumé dans un bar m'a permis de vous suivre en direct pendant l'Angélus retransmis de la place Saint-Pierre. J'ai remarqué que vous avez souligné plusieurs fois l'importance de l'écoute dans votre commentaire sur l'épisode de Marthe et Marie. Cette idée rejoint ce que je pense, peut-être à cause de ma profession : notre corps est comme une grande oreille à l'écoute des autres, de l'univers et du « Tout-Autre ». Je suis persuadé que l'être humain est une subtile antenne émettrice-réceptrice qui chercherait un bon canal de diffusion malgré les interférences.

L'être humain est trop souvent fasciné par la contemplation de l'horreur : par exemple, à Nice, certains badauds ont préféré filmer en direct le terrible spectacle de la désolation sur leur téléphone portable plutôt que de porter secours aux victimes. Cette fascination est à la mesure des zones d'ombre que nous portons tous en nous. Lorsque j'étais enfant, je me rappelle avoir eu une période très sombre d'attirances fortes pour les mises en scène macabres, les squelettes et les trains fantômes. Même sur la via Francigena, cette fascination est bien présente puisque les touristes peuvent visiter de sinistres et identiques « musées de la torture » à Lucques, San Gimignano et Sienne.

Heureusement, chacun trouve des moyens pour sortir de cette fascination morbide. Marcher en est un. Lorsque j'avance dans le silence des paysages, je trouve un rythme qui me correspond vraiment. Je suis sensible au souffle du vent dans les pins, à l'ombre des nuages, aux nuances des pigments de la terre.

Contempler constitue une autre source d'harmonie. Je regarde la beauté des richesses artistiques. Le parcours de la via Francigena est jalonné de lieux chargés d'histoire et de chefs-d'œuvre.

Rencontrer est aussi source de joie. J'ai été frappé par l'énergie des sœurs de Saint-Vincent-de-Paul à Sienne. En plus de la vingtaine de pèlerins qui sont hébergés quotidiennement à la Casa Santa Luisa, une cinquantaine de pauvres s'y retrouvent pour y déjeuner gratuitement : hommes divorcés, femmes sans travail, SDF, migrants… La porte de sœur Ginetta est aussi largement ouverte que son cœur. Tant de grâces reçues dont je suis reconnaissant.

J'ai ressenti beaucoup de compassion en écoutant les mots de solidarité que vous avez prononcés pour les familles endeuillées, les habitants de Nice et le peuple français.

Je vous adresse, très Saint-Père, cher pape François, mes fraternelles prières.

Emmanuel

Lettre d'Alexandre Jollien, philosophe et écrivain

Alexandre Jollien est né infirme moteur cérébral. J'avais lu et aimé *Éloge de la faiblesse*[1], puis une intense semaine au Maroc pour le tournage d'un documentaire dans lequel il dialoguait avec Philippe Pozzo di Borgo, m'a permis de mieux le connaître[2]. Il est marié à Corine et père d'Augustin, Victorine et Céleste.

---

1. Cerf, Paris, 1999.
2. « De chair et d'âme », documentaire de Raphaëlle Aellig-Rénier, co-écrit avec Emmanuel Tagnard et diffusé sur la RTS et Arte en 2012.

Lausanne, le 20 mars 2017

Très Saint-Père,

Tout vraiment tout peut devenir occasion de conversion, de progrès intérieur. Vous le savez mieux que quiconque! Par exemple, ce matin, en feuilletant le journal, j'ai découvert au milieu des éclats du monde une perle, un enseignement qui me ferait presque oublier les dégâts des Donald Trump et autres calamités de ce genre. Mieux, j'y ai trouvé un élan, la force d'assumer le tragique de l'existence et de ne pas capituler devant les injustices. La perle est de vous. Avec sagesse, vous rapportiez les vertus d'un certain «je-m'en-foutisme» qui, subtilement dosé, peut alléger considérablement la vie de tous les jours. Rien à voir avec l'indifférence, cette légèreté pourrait nous porter à bien plus de générosité, centrés que nous sommes sur ce petit ego de fortune. Tout de suite, j'ai pensé à Marthe et Marie qui, dans les Évangiles, nous enseignent à ralentir pour oser un regard contemplatif sur le monde. Les mots de Maître Eckhart ont aussi rappliqué illico en mon esprit: «Observe-toi toi-même, et chaque fois que tu te trouves, laisse-toi; il n'y a rien de mieux.»

Marthe et Marie nous donneraient-elles la sainte audace de se départir de soi, de quitter cet esprit de sérieux tout pharisaïque? Vous, le bon berger, vous nous transmettez, tel un bon médecin qui pointe nos maladies, la joie d'éprouver la radicalité éternellement nouvelle des Évangiles. Ainsi, vous m'offrez en ce jour une feuille de route, un viatique pour faire le ménage, congédier les faux soucis et, enfin, accueillir le monde comme il se donne car il est un don.

Saint-Père, je rêve d'un «je m'en foutisme» spirituel, d'une sagesse espiègle, d'un amour fou, d'une innocence qui nous jette dans les bras de Dieu loin des calculs, des compromissions, des préjugés. Je crois profondément que c'est la joie qui mène à Dieu plus que l'ascétisme. Aussi, pour quitter l'affairement des «Marthe» d'aujourd'hui, sommes-nous peut-être invités à abandonner dans les plus brefs délais cette fausse gravité qui annonce qu'un cœur a cessé de battre au rythme de la vie, cette volonté de maîtriser tout ce qui nous accable et cesser de réduire les individus à leur capacité de production? Mais comment s'inspirer, aujourd'hui, de Marie? Et si Marie comme Marthe nous apprenaient que tout chemin spirituel est un juste milieu, bien plus difficile que la voie des extrêmes car, comme l'avait vu Aristote, la perfection évolue sur un chemin de crête. Contempler dans l'action, agir sans se perdre, résister sans devenir amer, oser la joie sans verser dans la niaiserie, sourire au tragique sans banaliser la souffrance, voilà le défi! Oui, des Marthe et des Marie habitent en nous. Oui, nous sommes foule, légion au fond du fond. Comment pacifier tout ce beau monde? Peut-être en avançant jour après jour, millimètre après millimètre, vers l'abandon, cette force qu'aucune résignation ne saurait entraver.

Sur ce chemin où nous sommes invités à tout quitter, votre joie m'aide assurément. Dès que vous êtes apparu au balcon de la basilique Saint-Pierre, ouvrant votre lumineux pontificat, j'ai deviné à qui nous allions désormais avoir affaire. Ce visage bon, cette humilité tonique, cette joie imprenable, cette douceur infinie m'ont touché aux larmes. Dieu existe pour de bon, me suis-je dit. La preuve, c'est l'humanité de ce bonhomme, sa liberté profonde. Non, la religion n'est pas forcément un anesthésiant pour se sonner un peu, histoire d'encaisser une condition par trop difficile. Non, ce n'est pas un opium pour un peuple écrasé par les injustices, la misère et les mensonges éhontés des grands. Croire en Dieu peut, et vous le démontrez chaque jour, être de la dynamite qui fait exploser les murs de nos prisons intérieures, l'esprit de sérieux et les égoïsmes qui courent après un bonheur illusoire qui nous séduit avec ses fausses dents clinquantes.

L'homme qui vous écrit a trois vocations: il est né avec une infirmité motrice cérébrale. Essayer d'assumer un handicap au quotidien sans se laisser aigrir, sans que tout doive nécessairement tourner autour de notre être blessé est déjà un boulot à plein temps. Je suis écrivain. Formé à la philosophie, je m'emploie à transmettre des outils pour traverser les hauts et les bas de l'existence. Enfin, la vie et ma femme m'ont donné trois enfants, mes maîtres, qui m'apprennent au jour le jour le non-jugement, la paix et la joie authentique.

Je prie chaque soir ou presque pour vous et pour tout dire, je rêve un jour de vous rencontrer, peut-être dans le secret espoir de vous voler un peu de cette paix et de cette bonté qui habitent votre cœur.

Il est des êtres qui nous rapprochent immédiatement de Dieu : les enfants, les mystiques, les cabossés de la vie, celles et ceux qui se sont défaits de tout rôle et qui ont laissé là le vernis social. Votre joie, votre humour et votre bonté témoignent de ce Père si aimant.

Parmi ces amis de Dieu, il y a bien sûr Maître Eckhart (je rêve qu'un jour, il soit réhabilité au sein de l'Église) quand il adresse cette prière : « Dieu, libère-moi de Dieu. » Dieu transcende tout, y compris sa transcendance. Pourtant, tant de caricatures, d'idoles, de veaux d'or nous empêchent de plonger innocemment dans le mystère sans fond.

Humblement, je dois encore lutter contre cette image d'un juge implacable qui nous attend au tournant et ne laisse absolument rien passer. Certes, il n'y a qu'à lire les Évangiles pour faire exploser cette caricature. Pourtant, ce que mon cœur d'enfant a entendu, peine aujourd'hui à laisser la place à une authentique rencontre avec l'intériorité sans que la peur du jugement rapplique au grand galop. Spinoza vient à ma rescousse quand il écrit : « Aucune divinité, nul autre qu'un envieux, ne prend plaisir à mon impuissance et à ma peine, nul autre ne tient pour vertu nos larmes, nos sanglots, notre crainte et autre marque d'impuissance intérieure ; au contraire, plus grande est la joie dont nous sommes affectés, plus grande la perfection à laquelle nous passons, plus il est nécessaire que nous participions à la nature divine. » Sur ce chemin, contre toute attente, c'est Nietzsche aussi qui déboulonne l'idole d'un Dieu expert-comptable. Il me guérit de cette culpabilité mortifiante et, pour tout dire, très narcissique qui nous fait trembler devant un Dieu plénipotentiaire dont la perfection révélerait par comparaison la nullité de notre existence. Qui pourrait souffrir de la comparaison ?

Par votre bonté, grâce à votre générosité en actes, vous expulsez ce venin et votre joie subversive montre que suivre le chemin de l'Évangile n'a rien de doloriste et que Dieu n'aime pas la souffrance. Nietzsche, encore lui, tonnait contre les mines rabougries, les faces d'enterrement des chrétiens en s'écriant : « Je croirais en leur dieu s'ils avaient l'air un peu plus sauvés ! »

Votre bonne humeur, votre être tout entier témoignent de cette grande santé de l'âme. Merci de démentir allègrement les préjugés, la poussière qui s'entassent sur les Évangiles. Merci de nous rappeler que nous sommes des êtres de lien et d'amour. Merci d'incarner une liberté absolue à l'endroit du qu'en-dira-t-on. Vous nous montrez qu'être l'ami de Dieu donne une liberté absolue, un courage, une déprise totale de soi et beaucoup d'humour.

Merci de tout cœur.
Priez pour moi !

Alexandre

Quinzième lettre

« *C*OMBIEN *de corruption il y a dans le monde! C'est un mot laid, si nous y pensons un peu. Car une chose corrompue est une chose sale! Si nous trouvons un animal mort en train de se corrompre, qui est "corrompu", il est laid et il pue aussi. La corruption pue! La société corrompue pue! Un chrétien qui laisse entrer en lui la corruption n'est pas chrétien, il pue!* »

Pape François[1]

---

1. Pape FRANÇOIS, Discours à la population de Scampia, place Jean-Paul II à Naples (21 mars 2015).

Abbadia San Salvatore, le 19 juillet

Très Saint-Père, cher pape François,

C'est aujourd'hui l'anniversaire de l'assassinat du juge Paolo Borsellino dont la voiture et celle de ses gardes du corps ont explosé à Palerme en 1992, deux mois après celui de son confrère Giovanni Falcone. Ces deux hommes étaient déterminés à remplir leur mission contre les forces du mal au péril de leur vie. Je suis très admiratif de leur intrépide combat. Tout au long de la via Francigena, j'ai constaté à quel point la mémoire de ces deux martyrs est toujours vivante par le nombre de rues qui leur sont dédiées dans les villes et les villages.

Après les paroles de vérité que vous avez prononcées à l'encontre des systèmes mafieux qui gangrènent notre monde, j'ai été frappé par votre inspiration et votre courage, très Saint-Père, lorsque vous avez traversé Naples, en mars 2015, dans votre papamobile.

Très souvent, je pense au but de mon existence et au sens que j'essaie de lui donner. Lorsque nous lisons les Évangiles et que nous marchons dans les pas du Christ, l'objectif qu'Il nous propose est très exigeant. Il va jusqu'au sacrifice. J'en parlais hier soir avec Pascale, une pèlerine française qui chemine avec son mari depuis la ville de Nancy. Nous

nous disions que le « Purgatoire » devait correspondre au moment où l'âme réalise le grand écart qui existe entre ce qu'elle a fait réellement de sa vie terrestre et la mission que Dieu lui avait confiée. Même les saints nous transmettent la conscience de cet écart. Pourtant, cette existence humaine qui s'inscrit dans une durée de vie relativement courte est particulièrement digne de respect.

En avançant vers le Monte Amiata, au milieu des foins coupés et dans une chaleur harassante, j'essaie d'être humble. Je ne suis pas grand-chose. Je me dis que 80 % d'eau et de sels minéraux enrobant un système nerveux et quelques pulsions se promènent sur une petite planète bleue. Je suis en colère contre moi-même pour des raisons futiles. Je ne suis pas grand-chose et pourtant j'avance, je continue ma route sous le soleil accablant à l'écoute de ma « mission ».

Ce soir, je dors à côté de l'ancienne église abbatiale San Salvatore. Le curé a accepté de m'accueillir dans la maison de paroisse. Demain matin, j'irai à la messe avant de reprendre le chemin en direction d'Acquapendente. Encore dix jours de marche et j'arriverai à Rome.

Je vous adresse, très Saint-Père, cher pape François, mes fraternelles prières.

Emmanuel

Lettre de Jean Ziegler, sociologue et écrivain

Jean Ziegler est ancien Rapporteur spécial pour le droit à l'alimentation des Nations unies et actuellement vice-président du comité consultatif du Conseil des droits de l'homme. Croyant et marxiste, il a forgé sa foi au contact de l'abbé Pierre et des prêtres de la théologie de la Libération. Il fut mon professeur de sociologie à l'Université de Genève. Il est l'auteur de nombreux ouvrages dont *Les seigneurs du crime. Les nouvelles mafias contre la démocratie*[1]. Jean Ziegler a aussi publié *Chemins d'espérance. Ces combats gagnés, parfois perdus mais que nous remporterons ensemble*[2].

---

1. Points, Paris, 2007.
2. Seuil, Paris, 2016.

Russin, le 22 novembre 2017

Très Saint-Père,

Dans votre discours de Naples de mars 2015, vous avez dit avec force pourquoi le crime et la corruption défiguraient le message du Christ.
Votre cri d'alarme est d'une actualité brûlante.
Un spectre hante l'Europe : celui du crime organisé. Depuis plus de deux siècles, des sociétés démocratiques, régies par des normes librement acceptées, vivent sur notre continent. Aujourd'hui, elles sont menacées de ruine par les seigneurs du crime organisé.
Je pense souvent à Giovanni Falcone et à Paolo Borsellino, deux martyrs exemplaires pour la lutte pour l'État de droit.
Le 23 mai 1992 est une journée radieuse. Trois voitures blindées, transportant le juge Giovanni Falcone, sa femme et ses gardes du corps, foncent à 160 km/heure sur l'autoroute Messine-Palerme. Sur une colline surplombant un pont, le chef maffieux Giovanni Brusca et ses complices poussent une manette, actionnent une bombe. Une formidable explosion projette en l'air le convoi, déchiquetant Falcone, son épouse et trois jeunes policiers.
Deux mois plus tard, le collègue et ami de Falcone, le procureur Paolo Borsellino rend visite à sa mère à Palerme. Son convoi saute sur une mine

actionnée par Brusca en pleine Palerme. Cette fois encore il n'y aura aucun survivant.

Jean Jaurès a écrit: «La route est bordée de cadavres, mais elle mène à la justice.»

La criminalité transcontinentale en Europe, dotée d'une technologie avancée, est assurément inquiétante. Mais non au premier chef parce qu'elle s'attaque aux institutions, à la loi, à l'État; si ce n'était que cela, le renforcement de l'action répressive de la société démocratique, de sa magistrature, de ses lois, de sa police suffirait pour la mater.

Le danger mortel du crime organisé est ailleurs.

Par l'appât du gain rapide, la corruption endémique, la menace physique, le chantage, il débilite les volontés des citoyens. Le reste suit comme par nécessité. Une société qui perd sa boussole morale perd ses forces immunitaires. Une société dont l'harmonie n'obéit plus à des volontés singulières et libres est une société condamnée. Aucun État, aucune loi, aucune force répressive, si déterminés et sévères soient-ils, ne peuvent plus la protéger.

Saint-Just a écrit: «Entre le peuple et ses ennemis, il n'y a rien de commun, rien que le glaive.»

Aujourd'hui, dans les démocraties occidentales, le glaive s'est émoussé. Le crime organisé progresse. Sa victoire sur les peuples menace. Seules l'insurrection des consciences, la claire perception du danger, la volonté de résister et de combattre de toutes les citoyennes et de tous les citoyens – ce puissant mouvement que vous appelez de vos vœux – permettront de vaincre les ennemis de la société humaine.

J'écris cette lettre le jour même, 22 novembre 2017, où le tribunal pénal international pour l'ex-Yougoslavie, condamne le bourreau de Srebenica Ratko Mladić à la prison à perpétuité. Il avait en juillet 1995 fait exécuter plus de huit mille musulmans bosniaques dans les champs détrempés de Srebrenica.

Grâce notamment à vos interventions courageuses, très écoutées, formidablement influentes, la lutte pour la justice dans le monde progresse. Je vous dis ma profonde reconnaissance.

Agréez, très Saint-Père, mes pensées de solidarité et de respectueuse fidélité.

Jean Ziegler

Seizième lettre

« *"Laudato si', mi' Signore"*, – *"Loué sois-tu, mon Seigneur"*, *chantait saint François d'Assise. Dans ce beau cantique, il nous rappelait que notre maison commune est aussi comme une sœur, avec laquelle nous partageons l'existence, et comme une mère, belle, qui nous accueille à bras ouverts : "Loué sois-tu, mon Seigneur, pour sœur notre mère la Terre, qui nous soutient et nous gouverne, et produit divers fruits avec les fleurs colorées et l'herbe".* »

Pape François[1]

---

1. Pape François, lettre encyclique *Laudato si'*, 24 mai 2015, n° 1.

Montefiascone, le 22 juillet

Très Saint-Père, cher pape François,

J'ai quitté la Toscane et ses paysages si doux qui renouvellent le regard. La silhouette des cyprès au sommet des collines évoque en moi les sentinelles impassibles du « désert des Tartares »[1].

Hier, le long de la via Francigena, je me suis arrêté un moment pour observer le travail des moissonneuses-batteuses dans un champ de seigle. Un agriculteur pestait contre des ordures domestiques déposées pendant la nuit au bord de son exploitation. « J'ai beau le dire à la municipalité, elle ne prend aucune mesure. Les Italiens n'ont aucun respect pour la nature ! » J'étais d'accord avec lui en évoquant les kilos de détritus que j'ai vus le long des routes nationales. C'est triste de constater à quel point la nature est utilisée comme une grande poubelle à ciel ouvert. « Et pourtant, ajouta-t-il, sans la nature nous ne sommes plus rien. C'est mon travail. C'est ma vie. »

Il m'expliqua que cette région volcanique est le berceau d'importantes sources d'eaux minérales. À cause de la pollution, certaines d'entre elles auraient des taux d'arsenic trop élevés mais

---

1. Dino BUZZATI, *Le désert des tartares*, Pocket, Paris, 2004.

les groupes économiques qui les possèdent, sont, selon lui, plus intéressés par le profit à court terme que par la qualité à long terme.

Une citation de Bernard de Clairvaux lue sur le menu d'une trattoria à Sienne m'est revenue en mémoire : « Le ciel donne naissance, la terre nourrit et l'homme affine. » Elle illustre fort bien, très Saint-Père, la vision systémique que vous avez développée dans l'encyclique *Laudato si'*. L'être humain ne peut pas oublier qu'il s'intègre dans un système naturel interconnecté et qu'il doit travailler la terre sans la détruire.

J'ai écouté sur internet votre message pour les JMJ[1] et la jeunesse polonaise. Je prie pour que ces rencontres soient un intense moment de communion et de fraternité. Un jeune séminariste camerounais rencontré ce soir m'a rappelé l'importance de prier les uns pour les autres. Il m'invite demain matin à l'adoration du Saint-Sacrement dans son séminaire.

Hier, à Bolsena, j'ai dormi chez les sœurs du Saint-Sacrement ! Aujourd'hui, chez celles du Divin Amour ! À l'entrée de Montefiascone, un

---

1. Les Journées mondiales de la jeunesse (JMJ) rassemblent des jeunes catholiques du monde entier. Elles sont nées à l'instigation de Jean-Paul II en 1984. L'idée des JMJ est à rapprocher des rencontres européennes de Taizé créées en 1978.

panneau indique que Rome est distante de cent kilomètres.

Je vous adresse, très Saint-Père, cher pape François, mes fraternelles prières.

Emmanuel

Lettre de Vera Weber, présidente de la fondation Franz Weber

Confrontée depuis son plus jeune âge aux dangers qui menacent l'environnement à travers les actions de ses parents Franz et Judith Weber, Vera Weber se devait de reprendre le flambeau. En tant que directrice de campagne, elle œuvre depuis 1999 à la protection de la nature et des animaux au sein de la fondation Franz Weber[1]. Le massacre des bébés phoques au Canada et l'abolition la corrida font partie de ses plus importants combats. L'acceptation par le peuple suisse de l'initiative pour limiter la construction des résidences secondaires constitue sa plus grande victoire pour la protection de la nature.

---

1. http://www.ffw.ch.

Montreux, le 22 janvier 2018

Très Saint-Père,

C'est avec une profonde affection et une grande admiration que je me permets de diriger ces lignes à Votre Sainteté, en espérant qu'elles atteindront directement votre cœur.

Au nom de notre frère loup, en mon nom et certainement au nom d'une grande partie de la population mondiale, je souhaite vous faire part d'un sentiment de gratitude pour la prise de position univoque, apportée par l'Église catholique au débat politique et spirituel, en faveur de la protection de notre planète, en particulier par votre encyclique Laudato si'*.*

Ces textes, pleins d'espoirs verts, présentent une vision progressiste et protectrice de la seule maison que possèdent les êtres humains et les autres espèces de faune et de flore avec lesquelles nous cohabitons. Le courage et la clarté démontrés par Votre Sainteté dans cette encyclique sont des sources d'inspiration pure, et ont généré au sein de la communauté de protection de l'environnement et des animaux le grand espoir de pouvoir sauver les merveilles naturelles qui peuvent encore l'être.

Les occasions lors desquelles la protection des animaux et la protection de la nature sont méprises, ou faussement exprimées, comme étant des domaines isolés des droits humains, voire parallèles, peut-être simultanés dans le meilleur des cas, ou contre-productifs dans le pire d'entre eux, sont nombreuses. Pour moi, comme pour la majorité des personnes qui défendent la nature et les animaux, tel n'est pas le cas, bien au contraire : nous œuvrons à la sauvegarde de notre planète Terre qui nous fait vivre, nous défendons des êtres appartenant à d'autres espèces comme une extension logique de la vision des droits individuels de notre propre espèce.

Nous avons concrétisé cette philosophie, notamment, sur votre terre natale, l'Argentine, où nous travaillons depuis plusieurs années avec des personnes que Votre Sainteté connaît bien ; ces travailleurs urbains que l'on nomme « carreros *», «* cartoneros *» ou «* cirujas *» et qui effectuent le si important travail écologique de collecte des déchets recyclables. Notre équipe, composée d'activistes environnementaux, sociaux, ainsi qu'animalistes, mène depuis 2011 une campagne pour éradiquer l'usage de chevaux éboueurs dans les villes du pays et dans tous les pays latino-américains. Le slogan de cette campagne est le suivant : «* ni chevaux esclaves, ni humains exclus *».*

Elle a fait l'objet de différentes études académiques, car elle démantèle totalement la théorie selon laquelle la libération d'une espèce se fait au détriment de l'autre, en se fondant sur les constats tirés de l'Histoire : les droits de l'homme blanc n'ont pas été réduits lorsque l'homme noir a obtenu ces droits, tout comme les droits des hommes n'ont pas souffert de l'avancée des droits de la femme.

Nous pouvons donc trouver des mécanismes pour accorder une meilleure considération morale aux animaux sans que cela implique la perte de vue ou une réduction des droits humains. Notre campagne a permis, dans plusieurs pays du continent latino-américain, la substitution des chevaux par des véhicules motorisés, qui permettent une prise en charge bien plus efficace des déchets recyclables. Cette campagne a ainsi également permis la mise en œuvre d'un programme complet de formation dans le recyclage, la mise aux normes du droit du travail, et le développement familial, social et environnemental de ces travailleurs urbains.

Notre certitude concernant l'alliance des causes justes et des libertés est telle qu'il ne nous est pas possible d'accepter l'exploitation de la nature et des animaux sans, simultanément, remettre en question l'exploitation humaine, et vice-versa. À un moment donné de son Histoire, l'être humain a cru qu'il pouvait exploiter la nature sans vivre en harmonie avec elle... Je pense également qu'à ce moment précis, l'humain s'est octroyé le droit d'exploiter d'autres humains bien au-delà des limites de la coexistence.

Par cette lettre, mon équipe et moi-même souhaitons vous adresser nos remerciements et attirer l'attention de Votre Sainteté sur les synergies existantes entre les différentes causes, au-delà de vos convictions et de vos déclarations. Permettez-moi dès lors de vous prier de ne pas mettre de limite à la position de l'Église catholique contre la cruauté envers les animaux.

Encore aujourd'hui, et chaque année, des spectacles de torture animale sont organisés, à l'instar de la corrida, aux noms de saints et de Vierges, contrairement aux postulats de piété, de paix et de compassion que promeut l'Église. Ces traditions, qui ont été qualifiées par le Comité des droits de l'enfant de l'ONU – sur insistance de notre fondation – comme affaiblissant ces droits en soumettant des enfants et des adolescents à des actes de violence, ne peuvent pas être considérées comme correspondant au Bien et à la Bonté. Notre frère taureau doit également être sauvé…

J'ai l'honneur, très Saint-Père, de vous signifier ma plus profonde admiration pour votre travail politique, à une époque réellement complexe de notre humanité et civilisation, et de terminer la présente, sur les mots de mon père, Franz Weber – pionnier de l'écologie et de la défense animale – lui aussi « un François » :

« Une politique durable ne peut être bâtie que sur l'éthique. Mais l'éthique, qu'est-ce? Ce n'est, dans

le fond, rien d'autre que l'application de l'amour dans un sens élevé. L'éthique, c'est le respect de toute vie. C'est le principe fondamental de la condition humaine, la valeur essentielle de l'homme. Le temps est révolu où l'on pouvait se permettre de gouverner en ignorant ce principe et cette valeur fondamentale. Les changements profonds et le départ nouveau qui bouleversent notre société autant que l'essor constant du mouvement écologique à travers le monde en sont les indicateurs irréfutables. Mais cette évolution n'est pas seulement, comme on pourrait le croire de prime abord, une percée vers la liberté ou vers une économie orientée sur l'écologie, mais aussi et surtout une percée vers l'essence même de l'être humain, c'est-à-dire vers la compassion et la miséricorde pour tout ce qui est sans défense, vers le respect des plus faibles, le respect de la Création[1]. »

Très Saint-Père, je vous prie de croire à l'expression de ma très haute considération et de ma très sincère gratitude.

Vera Weber
Présidente de la fondation Franz Weber

---

1. Franz W<small>EBER</small>, *Une heure avec la Création*, Xénia, Vevey, 2011, p. 80.

Dix-septième lettre

« *Le chemin de la Croix n'est pas un acte de sadomasochisme, il est l'Unique qui vainc le péché, le mal et la mort, parce qu'il débouche sur la lumière radieuse de la résurrection du Christ, en ouvrant les horizons de la vie nouvelle et pleine. C'est le chemin de l'espérance et de l'avenir. Celui qui le parcourt avec générosité et avec foi donne espérance et avenir à l'humanité. Il sème l'espoir. Je voudrais que vous soyez semeurs d'espoir.* »

Pape François[1]

---

1. Pape FRANÇOIS, Méditation au chemin de croix avec les jeunes au JMJ de Cracovie (29 juillet 2016).

Vetralla, le 24 juillet

Très Saint-Père, cher pape François,

Ce matin, je me suis rendu au séminaire de Montefiascone qui est tenu par la congrégation des missionnaires du Verbe Incarné. Dans l'église, je me suis retrouvé parmi une centaine d'hommes vêtus de soutanes noires qui étaient tous en prière, agenouillés face au Saint-Sacrement. Un chapitre général avait été convoqué pour l'élection des nouveaux dirigeants. Des représentants de la congrégation étaient venus du monde entier pour l'occasion.

À côté de l'autel, j'ai vu un Christ saignant abondamment qui était cloué sur une croix grandeur nature dominant l'assemblée. À ses pieds, un mannequin habillé de bleu avec une épée plongée dans la poitrine et coiffé d'une énorme couronne dorée représentait la Sainte Vierge. Je ne vous cacherai pas que j'ai ressenti un certain malaise face à cette mise en scène de la souffrance. Une ferveur contenue était palpable dans l'assistance.

Il y eut ensuite un rituel d'exorcisme qui rejetait tous les noms de Satan avec aspersion d'eau bénite sur toute l'assemblée.

Après la cérémonie, j'ai partagé le petit-déjeuner avec plusieurs séminaristes. L'un d'eux m'a confié qu'un grand remaniement au sein du Verbe

Incarné était en train d'avoir lieu et que le fondateur était écarté[1]. Je n'ai pu m'empêcher de penser aux scandales qui ternissent l'image de l'Église. Abus de pouvoir et orgueil ne sont jamais totalement exorcisés. En tout cas, j'étais content de rencontrer de jeunes missionnaires énergiques et heureux d'exercer bientôt leur vocation.

Ce pèlerinage à travers l'Italie me fait non seulement prendre conscience des richesses culturelles de nos racines chrétiennes européennes mais aussi de la diversité qui compose l'Église du XXIe siècle. Même si la plupart des communautés qui m'ont accueilli sur la via Francigena, ne dépassent généralement pas cinq membres, la représentation des pays émergents est impressionnante. Je l'interprète comme un signe d'espérance, de régénération et de dynamisme. À Pietrasanta, la sœur qui m'a accueilli est indonésienne comme à San Quirico d'Orcia. À Lucques, l'un des capucins est indien. À Bolsena, sœur Philippina est tanzanienne. Celles qui m'ont hébergé à Montefiascone sont d'origine péruvienne. Et ce soir, il y a huit Congolaises parmi les bénédictines du couvent Regina Pacis.

---

1. Dépêche de Cath.ch du 16 décembre 2016 : le 15 décembre 2016, l'Église d'Argentine a reconnu des abus sexuels sur des séminaristes de l'Institut du Verbe Incarné imputables à son fondateur, le père Carlos Miguel Buela.

Si l'Église est une, ses visages sont multiples. C'est l'Église de demain.

Je vous adresse, très Saint-Père, cher pape François, mes fraternelles prières.

Emmanuel

Lettre de Marie-Paul Ross, religieuse québécoise et sexologue clinicienne

Dans son autobiographie, sœur Marie-Paul raconte ses missions en Amérique latine, sa guérison par une chamane alors qu'elle était sur le point de mourir et sa prise de conscience de mettre en place des formations spécifiques au célibat consacré. En 1995, Jean-Paul II lui donne son cautionnement moral : « Que Dieu vous bénisse et bénisse votre œuvre. Continuez… continuez. Les épreuves ne manqueront pas, surtout de la part de l'Église[1]. »

---

1. Marie-Paul Ross, *La vie est plus forte que la mort*, Michel Lafon, Paris, 2013, p. 240.

Cocagne, le 17 janvier 2017

Très cher pape François,

Un merci sincère pour votre authenticité et votre courage à mettre plus de lumière dans notre Église. Enfin nous pouvons célébrer que vous êtes un prophète envoyé par Dieu pour que son Règne arrive.

Je vous ai déjà informé que je suis religieuse missionnaire. Après des études en sciences infirmières, j'ai profondément été appelée à poursuivre des études en science sexologique. J'ai complété un doctorat en sexologie clinique en avril 2000.

J'ai vécu dix-huit ans en Amérique latine et, de plus, j'ai été invitée à offrir des formations et assurer de l'accompagnement dans trente pays. J'ai d'ailleurs donné des formations à des religieux, des religieuses et des prêtres en Italie pour promouvoir la maturité affective et un célibat vécu avec fidélité et fécondité pour notre monde. J'ai aussi été appelée au Vatican suite à de fausses accusations. Suite à cette erreur, Dieu m'a ouvert des chemins inespérés.

J'avais entrepris des études en science sexologique suite à des confidences de grandes souffrances de la part de victimes du monde « religieux et sacerdotal ».

Saint-Père, je me dévoue comme missionnaire pour libérer les personnes esclaves de conduites compulsives et déshumanisantes ainsi que leurs victimes.

Depuis 1990, je reçois des personnes qui portent des souffrances inimaginables.

L'année de la Miséricorde m'a ouvert le cœur à un appel profond : donner parole et aider multiples victimes dont la souffrance a été causée par des représentants de l'Église catholique. Je rencontre aussi d'autres victimes souffrant de la peur d'être damnées suite à des prédications erronées et à des abus sexuels vécus dans leur milieu.

J'ai déjà informé des responsables au Vatican, des évêques, des supérieurs d'Instituts religieux et la réaction est la même : « Inutile de réveiller le passé. » Mais les victimes sont là actuelles et de multiples abus continuent.

La pathologie sexuelle me semble être un venin qui a envahi notre Église. Le pourcentage justifie le mot « pandémie » mondiale.

Vous savez Saint-Père que le célibat religieux est peu vécu et cela par manque de formation. Le peuple en recherche de vérité connaît cette réalité mais c'est incroyable comme notre Église utilise de l'argent, des menaces, de fausses accusations pour cacher et taire le tout.

Comme religieuse missionnaire et professionnelle de la santé je n'en peux plus de cette attitude qui maintient les victimes écrasées par le pouvoir.

Je pense à Thérèse, qui depuis ses huit ans, allait à la paroisse chaque semaine pour servir les prêtres et l'évêque sexuellement. Parfois il y avait d'autres enfants avec elle. Quand elle était seule avec l'évêque, c'était considéré comme un privilège. Jusqu'à l'âge adulte (cinquante ans) elle était victime sexuelle de son employeur qui était religieux-prêtre.

Je pense à un groupe de jeunes religieuses qui durant des années ont été utilisées au sein de cultes sataniques au nom de Dieu et sous prétexte qu'elles devaient se sacrifier pour le monde. Ces cérémonies diaboliques étaient dirigées par les autorités religieuses (hommes et femmes).

Je pense à André qui a été victime et abusé par ses professeurs prêtres et directeur spirituel.

Je pense à Lorraine qui a été victime sexuelle de son directeur spirituel, religieux-prêtre durant quarante ans et cela chaque semaine. Il lui faisait prendre des pilules « avortives ».

Je pense à Diane qui, lors de sa première confession, a dû s'agenouiller au pied du prêtre et le masturber pour avoir le pardon.

Il y a Carlos qui a été victime sexuelle de son formateur durant tout son noviciat et le matin même de sa profession religieuse, son abuseur l'a invité à des activités perverses. Quand je l'ai vu dix années plus tard, il en était profondément perturbé.

Saint-Père, je pourrais écrire des centaines de pages pour énumérer seulement les victimes dans l'Église.

De plus les victimes se sentaient coupables avec la peur d'être damnées.

Je me sens de plus en plus souffrante devant tant de désastres.

Heureusement je crois profondément que Dieu m'habite et je lui confie de soulager les souffrances des victimes et de leurs abuseurs.

Mais quoi faire ?

La vérité libère.

Il faut guérir le monde impliqué.

Je crois que grand nombre de victimes ont besoin d'entendre votre message. Vous avez déjà imploré le pardon mais c'est déjà oublié et ça ne guérit pas les blessures profondes laissées en silence.

Pour le moins, les blessés de la vie ont besoin d'entendre de vous qu'ils ne sont pas condamnés mais aimés de Dieu.

Merci Saint-Père pour votre accueil.

J'ai besoin de votre bénédiction et appui pour que votre parole puisse atteindre les cœurs percés, bafoués.

J'aime mon Église mais le silence est lourd.

Il faut se convertir à l'Amour de Dieu.

Avec affection et reconnaissance.

Marie-Paul Ross, m.i.c.[1]

---

1. rossmariepaul@gmail.com.

Dix-huitième lettre

« *Ô MÈRE, aide notre foi !*
Ouvre notre écoute à la Parole, pour que nous reconnaissions la voix de Dieu et son appel.
Éveille en nous le désir de suivre ses pas, en sortant de notre terre et en accueillant sa promesse.
Aide-nous à nous laisser toucher par son amour, pour que nous puissions le toucher par la foi.
Aide-nous à nous confier pleinement à Lui, à croire en son amour, surtout dans les moments de tribulations et de croix, quand notre foi est appelée à mûrir.
Sème dans notre foi la joie du Ressuscité.
Rappelle-nous que celui qui croit n'est jamais seul.
Enseigne-nous à regarder avec les yeux de Jésus, pour qu'il soit lumière sur notre chemin.
Et que cette lumière de la foi grandisse toujours en nous jusqu'à ce qu'arrive ce jour sans couchant, qui est le Christ lui-même, ton Fils, notre Seigneur ! »

Pape François[1]

---

1. Pape FRANÇOIS, Prière à la Vierge Marie en conclusion de la lettre encyclique *Lumen Fidei*, 29 juin 2013, n° 60.

Sutri, le 25 juillet

Très Saint-Père, cher pape François,

Je n'ai pas envie d'écrire le mot « fin ». Dans deux jours, je serai pourtant arrivé à destination. Physiquement, je ressens les bienfaits de ces sept semaines de marche : tous mes sens ont été mis en éveil. La chaleur du soleil m'a nourri et vivifié. Une belle énergie s'est tranquillement mise en place au fil du chemin après un décrassage du corps. Le rythme des pas, synchronisé à celui de la respiration, m'a aidé à trouver des états adéquats qui me permettaient de poser mes pieds aux bons endroits. Je n'ai donc pas trébuché.

Le dépassement des limites physiques va de pair avec le dépassement des limites psychiques. Parfois, j'ai eu tendance à ressasser des souvenirs qui figeaient mon mental dans le passé. Il me semble avoir assumé certaines décisions immédiates et avoir pu évacuer de vieux schémas régressifs. J'ai le sentiment d'avoir éliminé des nostalgies affectives à la sueur de mon corps comme les traces de sel sur mon t-shirt qui disparaissent à la lessive du soir.

Je suis reconnaissant de tous les accueils et de toutes les rencontres qui ont jalonné mon parcours. Je rends grâce au souffle de la brise légère dont la fraîcheur redonne de l'entrain au pèlerin accablé de chaleur. Je repense à une pie qui, à ma grande surprise, n'a pas hésité à picorer une de mes chaussures parce qu'elle a vu que je venais empiéter sur son territoire.

Face à mon appréhension du retour à «la vie normale», une amie qui me connaît bien, m'a dit que ce chemin m'avait permis d'aller vers moi-même : «Ta marche va s'arrêter mais pas le mouvement d'approfondissement initié en toi.» L'effort m'a reconnecté à mon instinct de conservation. En me plaçant dans cette relative fragilité, il me semble avoir renoué avec des forces fondatrices. Je suis confiant car j'ai remarqué que la Providence prend le relais de mes fragilités.

J'ai le sentiment biblique d'être passé d'un vieil Adam à un homme nouveau. Peut-être est-ce une illusion ? Un chant de Taizé résonne pourtant dans mon esprit apaisé : «Jésus le Christ, lumière intérieure, donne-moi d'accueillir ton amour.»

La rédaction des lettres que je vous ai envoyées, très Saint-Père, m'a permis de me sentir proche de vous. L'exemple que vous donnez au monde, votre bienveillance et votre courage m'ont aidé à aller de l'avant à votre rencontre. J'arriverai le 29 juillet et resterai dans la ville éternelle jusqu'au 3 août. J'espère assister à l'audience prévue pour le public ce jour-là.

L'attention particulière avec laquelle j'ai rédigé ces lettres et ce qu'elles ont induit en moi tout au long de ce pèlerinage, sont l'essentiel d'une rencontre qui n'est pas imaginaire car elle fait partie peut-être de ce qu'on dit être la communion des saints.

Je vous adresse, très Saint-Père, cher pape François, mes fraternelles prières.

Emmanuel

Lettre de Lytta Basset, philosophe et théologienne

PHILOSOPHE et théologienne franco-suisse, Lytta Basset est pasteur, professeur honoraire de théologie à l'Université de Neuchâtel et formatrice en accompagnement spirituel. Auteur de nombreux ouvrages qui aident à vivre, elle est l'une des grandes figures de la pensée chrétienne contemporaine. Je l'ai entendue pour la première fois lors d'une conférence où elle essayait de dire sa rencontre avec Jésus qui lui apparut sur un ferry à l'approche du port de Djibouti[1]. J'admire la force sereine qu'elle sait transmettre par sa présence, ses livres et ses conférences.

---

1. Rencontre entre Lytta Basset et Frédéric Lenoir, « Le livre sur les quais » à Morges (7 septembre 2013).

Préverenges, le 26 février 2017

Frère François,

Les temps ont bien changé : le jour où, dans la Cité du Vatican, vous êtes apparu au balcon pour adresser à la foule vos toutes premières paroles de pape, je me trouvais dans ma famille, en terre Céverole, tout près du Musée du désert, lieu de mémoire s'il en est pour des descendants des Camisards jadis persécutés par les très catholiques Dragons du roi. Sur l'écran TV, tout votre corps disait une humilité, un dénuement même, auquel j'étais loin de m'attendre. C'est alors que vous avez instamment demandé à tous de prier pour vous. Il n'en a pas fallu davantage pour que plusieurs proches, protestants comme moi, vous appellent affectueusement « notre pape ». De quoi faire se retourner dans leur tombe nos grands Réformateurs !

Emmanuel Tagnard dit avoir expérimenté, en vous écrivant, quelque chose de la communion des saints. Au sens originel, en hébreu, « saint » signifie « séparé », « mis à part », « rendu capable de suivre son propre chemin »... et plus on est différencié, plus s'enrichit le lien avec autrui. Or qu'est-ce qui nous différencie autant que notre corps ? La communion des saints passe par le corps qui, lui, ne ment jamais : au travers de notre dénuement, notre fragilisation suite à un effort prolongé ou à toute autre circonstance de la vie ayant érodé nos carapaces protectrices, ne nous donne-t-elle pas des yeux pour voir ce qui en temps « normal » nous aurait échappé ?

Ainsi, avant même que vous ayez ouvert la bouche, j'ai été « prise aux entrailles » : immédiatement, sans l'ombre d'un raisonnement, j'ai perçu en vous un frère, mon frère – en Celui qui depuis vingt siècles vit parmi nous. L'évidence, indiscutable, d'une parenté spirituelle qui était simplement donnée ! C'est comme si j'avais soudain eu des yeux pour voir votre corps spirituel. Lumineuse précarité du corps humain... Cadeau sans prix d'une expérience de communion des saints qui me stupéfie aujourd'hui encore. Comment ai-je pu vivre une telle proximité, d'entrailles à entrailles, alors que le protestantisme colle à mon histoire depuis toujours : un père et deux grands-pères pasteurs, des oncles, des cousins aussi, sans compter mon mari et moi-même ! Révélation fulgurante de votre dénuement, qui rejoignait tellement le mien : vous étiez là, seul face à la foule immense, face à l'ampleur de la tâche que vous veniez d'accepter...

« Je crois à la communion des saints » : pourquoi est-ce dans le Credo ? Il a suffi que j'en fasse l'expérience, plus d'une fois il est vrai, pour que cela devienne concret : nous sommes infiniment plus reliés que nous ne l'imaginons, en Celui qui est notre Source commune. Quand je m'ouvre à ce plus

grand que moi devant qui je me sens unique, « mise à part », confondue avec personne, acceptant mes limites, mes fragilités, mon besoin d'être soutenue et encouragée par la prière des autres, je fais appel, à mon insu, à cette capacité intacte en chacun de s'ouvrir lui-même à ce plus grand que soi qui, le rendant plus grand qu'il ne le sait, le met en lien avec tous les vivants sur Terre et de l'autre côté du voile.

Car la communion des saints se rit de l'espace et du temps – des divisions, des schismes entre Églises, des anathèmes de toutes les époques. Elle nous donne parfois d'expérimenter, dès maintenant, un lien vibrant avec les êtres chers qui sont déjà entrés dans ce que vous appelez « le jour sans couchant » et que personnellement je nomme « la lumière sans crépuscule »... Frère François, soyez assuré que je continuerai à prier pour vous !

Lytta Basset

Épilogue

Cher pape François,

Votre audience publique à votre retour de Pologne fut le point d'orgue de mon séjour à Rome. Ce matin-là, je me suis réveillé à l'aube. Nul besoin de billet. Il fallait simplement prendre place dans l'immense file indienne qui serpentait le long des remparts du Vatican et attendre tranquillement l'ouverture des portes pour nous rendre auprès de vous.

Après les portiques de sécurité et la fouille systématique des sacs par la police italienne, nous avons pénétré sur le territoire du Vatican. Je ne pouvais m'empêcher de penser au martyr du Père Jacques Hamel, égorgé la semaine précédente pendant la messe qu'il célébrait en son église de Saint-Étienne-du-Rouvray. Face aux jeunes djihadistes, ses dernières paroles furent : « Arrière Satan ! » À la suite du Christ, il a donné sa vie.

À l'approche de la salle Paul VI, les Gardes suisses avaient fière allure dans leur costume d'apparat. Certains d'entre eux, vêtus en civil, étaient reconnaissables à leur discrète oreillette. Ils canalisaient la marée humaine qui s'engouffrait dans la monumentale salle d'audience. Leur vigilante attention était à la mesure de l'excitation du public.

Je me suis placé le long de l'allée centrale par laquelle vous alliez arriver parmi nous. Chacun jouait des coudes. Soudain, derrière moi, des pèlerins se sont mis à scander fiévreusement «Argentina! Argentina!». La foule a été prise alors d'une ferveur contagieuse. Des centaines de bras se sont tendues vers vous comme pour saisir l'instant de votre passage. Entouré de vos anges gardiens helvétiques, vous souriiez en longeant cette étrange haie d'honneur faite de téléphones portables. Vous sembliez presque étonné par l'engouement que vous suscitiez.

Mon voisin indien et son épouse tenaient leurs deux enfants à bout de bras pour vous les présenter. Vous vous êtes arrêté à un moins d'un mètre de moi pour les embrasser et les bénir avec bienveillance. Seule la barrière de sécurité me séparait de vous. Et vous avez continué votre chemin vers l'estrade sous nos acclamations.

J'ai également été touché lorsque vous avez évoqué votre «grand silence» à Auschwitz.

Après votre bénédiction sur notre assemblée, j'ai repris mon sac à dos et je suis parti en direction de l'aéroport avec un sentiment de sérénité et de grande justesse.

Une enveloppe m'attendait dans ma boîte aux lettres. Il s'agissait d'un courrier de votre Secrétairerie d'État m'informant qu'une de mes lettres avait retenu toute votre attention. Ce courrier ne mentionnait qu'une seule lettre mais, pour moi, elle englobait toutes les autres.

Je vous adresse, très Saint-Père, cher pape François, ma fraternelle reconnaissance.

Emmanuel

SECRÉTAIRERIE D'ÉTAT

PREMIÈRE SECTION - AFFAIRES GÉNÉRALES

Du Vatican, le 18 août 2016

Monsieur,

Sa Sainteté le Pape François a bien reçu votre lettre. Il vous remercie de la confiance et de l'attachement que vous lui manifestez.

Vos réflexions ont été lues avec attention. Le Saint-Père vous invite à persévérer courageusement dans votre marche comme dans votre vie chrétienne. Il vous demande de bien vouloir offrir vos prières et vos efforts pour l'Eglise et pour son ministère de successeur de Pierre. Vous confiant à la protection de la Vierge Marie, le Pape François vous bénit de tout cœur, ainsi que toutes les personnes qui vous sont chères.

Je vous prie de croire, Monsieur, à mes sentiments religieux et dévoués.

Mgr Paolo Borgia
Assesseur

Monsieur Emmanuel TAGNARD
CAROUGE

La via Francigena
Le chemin de Sigéric de Saint-Maurice à Rome

Remerciements

Je remercie très chaleureusement tous les participants qui ont offert leur confiance au pape François en lui écrivant par mon intermédiaire :
  Lytta Basset
  Annette Becker
  Lotti Latrous
  Marie-Paul Ross
  Vera Weber
  Arcabas
  Khaled Bentounes
  Jacques Besson
  Jean-Claude Guillebaud
  Anselm Grün
  Alexandre Jollien
  Haïm Korsia
  David Le Breton
  André N. Lévy
  Philippe Pozzo di Borgo
  Jean Revillard
  Matthieu Ricard
  Matthias Wirz
  Jean Ziegler

Merci à ceux qui m'ont aidé à avancer sur ce chemin : le dessinateur Alex Baladi ; Isabelle A. Bourgeois ; Pascaline, Grégoire, Mathys, Roman et Ysé Buisson ; Jacqueline Camoletti ; Delphine de Candolle ; Cilgia Caratsch ; Michel Cool ; Laure Mi Hyun Croset ; Chao Duduit ; David Hachuel ; Christophe Henning ; Sylvie Jolivet ; Vivien Kilchenmann-Harris ; Sophie et Louis Labarraque ; Veronica Martinez ; Abbé Alexis Morard ; Maria Nicollier ; Vincent Nicollier ; Isabelle Pirot ; Dariane de Planta ; Jean-Cyril Rossier ; Nicolas et Natalia Rossier ; Nathalie de Saint-Martin ; Frédéric et Henri de Senarclens ; Brigitte Sion ; Laure Speziali ; Pierre Stauffer ; Catherine Touaibi ; Roland Tolmatchoff ; Pascale et John Walker ; Sainte-Élise Weber.

Table

Préface	11
Prologue	15
Première lettre	19
Lettre d'Anselm Grün, moine bénédictin et écrivain	23
Deuxième lettre	27
Lettre d'André N. Lévy, sémiologue et écrivain	31
Troisième lettre	37
Lettre de Matthieu Ricard, moine bouddhiste, auteur, traducteur et photographe	41
Quatrième lettre	45
Lettre de David Le Breton, anthropologue et sociologue	49
Cinquième lettre	53
Lettre de Cheikh Khaled Bentounes	57

Sixième lettre	63
Lettre de Jean Revillard, photographe	67
Septième lettre	75
Lettre d'Annette Becker, historienne	79
Huitième lettre	83
Lettre de Haïm Korsia, grand-rabbin de France	87
Neuvième lettre	91
Lettre de Philippe Pozzo di Borgo, inspirateur du film *Intouchables*	95
Dixième lettre	99
Lettre d'Arcabas, artiste-peintre	103
Onzième lettre	107
Lettre de Lotti Latrous, fondatrice des centres « Espoir » d'Ajdouffou et de Grand-Bassam en Côte d'Ivoire	111
Douzième lettre	115
Lettre de Matthias Wirz, moine et traducteur	119
Treizième lettre	123
Lettre du professeur Jacques Besson, psychiatre	127
Quatorzième lettre	131
Lettre d'Alexandre Jollien, philosophe et écrivain	135

Quinzième lettre	143
Lettre de Jean Ziegler, sociologue et écrivain	147
Seizième lettre	151
Lettre de Vera Weber, présidente de la fondation Franz Weber	155
Dix-septième lettre	161
Lettre de Marie-Paul Ross, religieuse québécoise et sexologue clinicienne	165
Dix-huitième lettre	171
Lettre de Lytta Basset, philosophe et théologienne	175
Épilogue	179
Remerciements	187

Achevé d'imprimer le 3 avril 2018
sur les presses de
La Manufacture - Imprimeur – 52200 Langres
Tél. : (33) 325 845 892

N° imprimeur : 180455 - Dépôt légal : avril 2018
Imprimé en France

CET OUVRAGE A ÉTÉ COMPOSÉ
PAR ATLANT'COMMUNICATION
AU BERNARD (VENDÉE).